Soja

NUTRIÇÃO E GASTRONOMIA

Dados Internacionais de Catalogação na Publicação (CIP)
(Câmara Brasileira do Livro, SP, Brasil)

Montanarini, Maria
Soja: nutrição e gastronomia / Maria Montanarini ; pesquisa e texto de Carlos Szlak. - São Paulo : Editora Senac São Paulo, 2009.

Bibliografia.
ISBN 978-85-7359-839-1

1. Culinária (Soja) 2. Gastronomia 3. Natureza - Poder de cura 4. Naturopatia 5. Saúde - Promoção 6. Soja 7. Soja - Uso terapêutico 8. Soja como alimento I. Szlak, Carlos. II. Título.

09-03832 CDD-615.535

Índice para catálogo sistemático:

1. Soja : Alimento natural : Promoção da saúde : Medicina natural 615.535

MARIA MONTANARINI

Soja

NUTRIÇÃO E GASTRONOMIA

PESQUISA E TEXTO DE CARLOS SZLAK

editora senac são paulo

Administração Regional do Senac no Estado de São Paulo
Presidente do Conselho Regional: Abram Szajman
Diretor do Departamento Regional: Luiz Francisco de A. Salgado
Superintendente Universitário e de Desenvolvimento: Luiz Carlos Dourado

Editora Senac São Paulo
Conselho Editorial: Luiz Francisco de A. Salgado
Luiz Carlos Dourado
Darcio Sayad Maia
Lucila Mara Sbrana Sciotti
Marcus Vinicius Barili Alves

Editor: Marcus Vinicius Barili Alves (vinicius@sp.senac.br)

Coordenação de Prospecção e Produção Editorial: Isabel M. M. Alexandre (ialexand@sp.senac.br)
Supervisão de Produção Editorial: Izilda de Oliveira Pereira (ipereira@sp.senac.br)

Edição de Texto: Pedro Barros
Preparação de Texto: Thereza Pozzoli
Revisão de Texto: Marta Lúcia Tasso, Jandira Queiroz, Ivone P. B. Groenitz
Projeto Gráfico e Editoração Eletrônica: Suzana De Bonis / DB Comunicação
Capa: Suzana De Bonis / DB Comunicação
Foto da Capa: Igor Dutina/Fotolia
Impressão e Acabamento: Rettec Artes Gráficas

Gerência Comercial: Marcus Vinicius Barili Alves (vinicius@sp.senac.br)
Supervisão de Vendas: Rubens Gonçalves Folha (rfolha@sp.senac.br)
Coordenação Administrativa: Carlos Alberto Alves (calves@sp.senac.br)

Editora Senac São Paulo
Rua Rui Barbosa, 377 – 1º andar – Bela Vista – CEP 01326-010
Caixa Postal 1120 – CEP 01032-970 – São Paulo – SP
Tel. (11) 2187-4450 – Fax (11) 2187-4486
E-mail: editora@sp.senac.br
Home page: http://www.editorasenacsp.com.br

Sumário

Nota do editor

Não deixam de causar surpresa os diálogos entre antigo e novo. Quando, cinco séculos atrás, Ocidente e Oriente iniciaram uma relação constante e consistente, foi intensa a troca tecnologia *versus* tradição. Povos asiáticos extasiavam-se com embarcações descomunais, armas de fogo e medicina não ortodoxa europeias. Os europeus, por sua vez, maravilhavam-se diante de filosofias milenares e da relação sustentável e harmônica dos orientais com o meio ambiente. Desde então, uma troca intensa se fez... e se faz.

Um campo fértil de intercâmbio está na saúde. Os orientais, grandes consumidores de soja, por exemplo, têm menor propensão ao desenvolvimento de câncer de mama e próstata, e acredita-se que sua dieta seja preponderante para a manutenção de tais índices. O elevado consumo de soja pode contribuir para prevenir doenças cardiovasculares, osteoporose e sintomas da menopausa. Paulatinamente, o grão – um gigante na agricultura nacional – insere-se na dieta do brasileiro.

Soja: nutrição e gastronomia, de Maria Montanarini, é a contribuição do Senac São Paulo àqueles que desejam conhecer e se aprofundar nas origens e nos usos culinários da soja, sejam profissionais do ramo gastronômico e da nutrição ou indivíduos em busca de qualidade de vida para si e sua família.

Prefácio

Estimular uma alimentação saudável e prevenir algumas doenças é o que se procura com a introdução da soja na dieta ocidental, promovendo uma adequada proporção entre nutrientes essenciais e aporte calórico diário.

Diversos trabalhos mostram o valor da soja como alimento funcional. Entre os fatores presentes, seu baixo teor lipídico faz com que uma dieta enriquecida com alimentos à base de soja seja indicada para redução do colesterol, além de ser benéfica para a saúde cardiovascular e distúrbios metabólicos (esses efeitos são reconhecidos pela Agência Nacional de Vigilância Sanitária – Anvisa –, na diretriz "Alimentos com alegações de propriedades funcionais e/ou de saúde, novos alimentos/ingredientes, substâncias bioativas e probióticos").

Os benefícios da proteína da soja já foram, de forma ampla, objeto de pesquisa na nutrição por sua qualidade rica em fitonutrientes, aminoácidos e vitaminas, exercendo sua ação na modulação hormonal, na proteção ao metabolismo ósseo, na atuação na massa muscular, assim como sua atividade de proteção a alguns tipos de câncer.

As opções para o consumo da soja são diversas, e em variados tipos de preparação; trata-se de um alimento muito "versátil", que pode ser incluído facilmente na rotina alimentar do brasileiro. A soja pode ser consumida diariamente, porém as quantidades para produzir algum efeito como ação hormonal, prevenção de câncer, substituição de leite e derivados etc. precisam ser determinadas individualmente por médico ou nutricionista.

Os segredos de preparo para obter o melhor aproveitamento da soja, assim como um delicioso sabor de pratos feitos à base desse grão, é o que descobriremos neste livro. Com arte e sabedoria, vamos aprender com Maria Amato Montanarini a degustar as melhores receitas com esse importante alimento.

Vânia Assaly
nutróloga, membro do Instituto de Medicina Funcional (Estados Unidos)

Manoela Figueiredo
nutricionista

Agradeço a minha irmã Anna Amato Nardelli por me introduzir na gastronomia.

Dedico este livro aos meus filhos Helena e Duilio por terem me incentivado e apoiado em todas as minhas empreitadas.

Introdução: soja e nutrição[1]

Os povos asiáticos apresentam menor risco de desenvolver certos tipos de câncer, como de mama e de próstata, quando comparados aos ocidentais – a taxa de mortalidade desses tipos de câncer no Japão é quatro vezes menor do que a que ocorre nos Estados Unidos (porém, japoneses que migraram para a América, e adotaram a dieta ocidental, passaram a apresentar um risco maior de câncer).

Como os asiáticos consomem normalmente de 20 a 50 vezes mais soja no dia a dia do que os ocidentais, muitos cientistas acreditam que esse é um dos fatores que podem ajudar a proteger o homem de tumores hormônio-dependentes. Outros benefícios associados ao consumo de soja são fatores protetores de doenças cardiovasculares, osteoporose e sintomas da menopausa.

Cientes desses benefícios, diversos governos – entre eles, o brasileiro – estabeleceram regras para a propaganda da soja, criando rótulos para os seus produtos derivados, em que se destaca sua capacidade de ajudar na redução do colesterol e de evitar doenças coronarianas.

Além disso, a soja é uma excelente fonte de aminoácidos essenciais, sendo também muito rica em ácidos graxos nobres – como ômega 3 e

---

1 *Introdução: soja e nutrição* de Vânia Assaly e Manoela Figueiredo.

fitoestrógenos – que apresentam propriedades antioxidantes, contribuindo no combate aos radicais livres e na modulação dos hormônios.[2] Exercem também efeito na massa óssea, graças à riqueza de cálcio, fitoquímicos e compostos com ação fitoestrogênica.

Fitoestrógenos e isoflavonas

Grãos de soja contêm proteína e, dependendo de onde são cultivados, podem apresentar substâncias com propriedades anticancerígenas. Fitoestrógenos e isoflavonas, presentes na soja, são compostos derivados de plantas que produzem no organismo efeitos semelhantes ao estrógeno (também chamado estrogênio).

As isoflavonas são estruturalmente muito parecidas com o hormônio feminino e podem atuar na diminuição de sintomas da menopausa e de tensão pré-menstrual, atuando, portanto, como hormônios naturais. Já fitoestrógenos podem contribuir para a prevenção do câncer de próstata.[3]

O ESTRÓGENO É UM HORMÔNIO PRESENTE EM GRANDES QUANTIDADES NO ORGANISMO FEMININO E QUE SOFRE REDUÇÃO SIGNIFICATIVA NA MENOPAUSA E NOS PERÍODOS QUE ANTECEDEM A MENSTRUAÇÃO.

[2] Radicais livres são moléculas que possuem em seus átomos um número ímpar de elétrons e, por isso, ficam instáveis. Seu objetivo é se tornar uma molécula estável e, portanto, saem em busca de outras moléculas para "roubar" um elétron. Antioxidantes são substâncias que ajudam a neutralizar os radicais livres.

[3] Um estudo publicado em 2007 mostrou que consumir um concentrado de isoflavona derivada da soja pode inibir o crescimento de células ligadas ao câncer de próstata. (L. Rice *et al.*, "Soy Isoflavones Exert Differential Effects on Androgen Responsive Genes in LNCaP Human Prostate Cancer Cells", em *Journal of Nutrition*, 137(4), abril de 2007, pp. 964-972). Ver também American Association for Cancer Research, "Soy Product and Isoflavone Consumption in Relation to Prostate Cancer in Japanese Men", em *Cancer Epidemiology Biomarkers & Prevention*, 16, 1-3-2007, pp. 538-545.

A soja apresenta alto conteúdo de duas isoflavonas – genisteína e daidezina – que exercem esse efeito hormonal.

Os efeitos da soja são complexos. Quando há muito estrógeno no corpo, os fitoestrógenos podem bloquear os possíveis malefícios, suprimindo o crescimento de certos tipos de células, inclusive as cancerosas de mama e próstata. Quando não há estrógeno suficiente, os fitoestrógenos podem substituir esse hormônio.

Câncer de próstata

Evidências mostram o papel protetor da soja contra o câncer de próstata, indicando que o alimento e seus derivados podem ser incluídos na dieta diária com intuito de prevenção.

Estudos populacionais demonstram baixa incidência desse tipo de câncer no Japão, onde o consumo de soja é elevado. Em pesquisas feitas com ratos, cientistas descobriram que a soja inibe o crescimento de células cancerígenas, sendo que um dos possíveis possibilitadores desse benefício é a isoflavona.

Câncer de mama

Mulheres japonesas e chinesas, que têm alto consumo de soja, também apresentam baixa incidência de câncer de mama. Porém, as pesquisas realizadas ainda mostram resultados controversos, em que a soja pode agir como fator protetor de risco, inibindo o crescimento das células, mas também pode estar associada à proliferação de tecido mamário, o que seria negativo ao câncer.

Alguns pesquisadores identificaram que pode fazer diferença o momento em que a soja é introduzida na dieta: mulheres que começam a consumir soja mais cedo podem estar mais protegidas contra o câncer de mama.

Outros acreditam ser capaz que o consumo de soja contribua para a diminuição da quantidade de estrógeno (reposição hormonal) que a mulher poderá necessitar durante a menopausa, sugerindo assim um tratamento complementar: soja e reposição.

Doenças cardiovasculares

Uma pesquisa identificou que o consumo médio de 25 gramas diárias de soja pode diminuir em até 9% o colesterol. Pode também diminuir os níveis de colesterol oxidado, que é associado a formação de placas aterogênicas.

Os fitoestrógenos da soja parecem ajudar a reduzir os riscos de doenças cardíacas em homens e mulheres, pois aumentam a elasticidade das artérias, que naturalmente decai com a idade.

Além disso, o alimento e seus derivados promovem o aumento do HDL – o colesterol desejável – e a diminuição do LDL – o colesterol mais prejudicial –, reduzindo com seu consumo os riscos de doenças cardiovasculares, como enfarte e aterosclerose.

Outro benefício da soja é a solubilidade das fibras dos grãos, que atuam como carreadores do colesterol ruim. Sendo solúveis, evitam que o LDL se acumule no organismo e melhoram sua excreção, contribuindo para a diminuição do colesterol.

Menopausa e síndrome pré-menstrual

Na menopausa ocorre a diminuição da produção de hormônios, como progesterona e estrógeno, o que pode provocar alteração da elasticidade de vasos sanguíneos, degeneração de tecidos e, consequentemente, entre outros sintomas, aparecimento das ondas de calor e aumento de colesterol e triglicérides.

As isoflavonas da soja podem ser utilizadas em substituição aos hormônios sintéticos, com o objetivo de restabelecer os níveis de estrogênio e, assim, recuperar a proteção cardiovascular contra a osteoporose e aliviar os sintomas da menopausa.

Mulheres asiáticas sofrem menos com os calores da menopausa do que as ocidentais, fator também associado ao alto consumo de soja e seus derivados. Os estudos sobre o assunto ainda não são conclusivos – não há pesquisas suficientes que apontem um consenso sobre o nível diário recomendado de fitoestrógenos –, mas sugerem alívio desses sintomas e também dos ligados à síndrome pré-menstrual.

Osteoporose

A deterioração dos ossos pela osteoporose está associada ao declínio dos níveis de estrógeno após a menopausa, e pesquisadores têm tentado determinar se fitoestrógenos, ao substituir o hormônio, podem ajudar na prevenção a esse enfraquecimento.

O grão de soja é também uma excelente fonte de vitaminas do complexo B e de minerais, como ferro, potássio, fósforo, cobre, magnésio, manganês e cálcio.

O cálcio pode interferir de maneira positiva contra a osteoporose, porém na soja também estão presentes fitatos e oxalatos, que são substâncias antinutricionais que podem interferir de maneira negativa na biodisponibilidade desse mineral para o organismo.

Alimentos ou suplementos?

A ingestão de produtos à base de soja visa modular, ou controlar, processos como inflamação, glicação e a oxidação. Como não se sabe a quantidade e a forma mais adequada de consumo de isoflavonas, ainda sugere-se e preconiza-se o consumo de soja e seus derivados ricos em isoflavonas na forma de alimentos.

Produtos processados podem sofrer alteração no teor de isoflavonas, bem como em sua composição. Como exemplo, na farinha de soja, as isoflavonas são mantidas; já o óleo de soja quase não as apresenta. O uso de álcool em alguns processos de preparação, assim como a temperatura desses processos, pode reduzir drasticamente o teor de isoflavonas.

A soja pode ser encontrada como: grãos de soja, farinha de soja, proteína texturizada de soja, missô, *tofu*, leite de soja, molho de soja (*shoyu*), suco de soja, chocolate de soja, biscoitos, preparados para bolos, quibes, massas, tortas, pães, entre outros.

As recomendações sobre o consumo de soja são feitas com base na quantidade de proteína de soja, em que estão presentes as isoflavonas, sendo o consumo indicado de 25 gramas por dia. O consumo médio da população ocidental ainda é muito insignificante – por volta de 4 gramas por dia – quando comparado aos povos orientais, que chegam a consumir 140 gramas.

A indicação terapêutica do consumo da soja deve ser determinada de acordo com a conduta nutricional desejada. A dose sugerida varia com a finalidade e para cada organismo. Para reduzir o colesterol, por exemplo, recomenda-se o consumo de 25 gramas de proteína de soja por dia – o que pode se traduzir em 1 xícara de grãos cozidos, ⅓ de xícara de *nuts* de soja, 3 ½ copos de leite de soja, 2 hambúrgueres de soja ou uma combinação desses e outros alimentos –, fornecendo de 70 a 140 microgramas de isoflavonas. Já para atingir uma ação hormonal na mulher, segundo a

Associação Dietética Americana, essa quantidade aumentaria para algo em torno de 60 gramas diárias, o que na alimentação é o equivalente a cerca de 200 gramas de missô ou *tofu*, ou 400 gramas de soja em grão cozida, ou 65 gramas de proteína isolada de soja – quantidades muito elevadas. A Organização Mundial da Saúde (OMS) recomenda, para prevenir o câncer, o consumo de 30 gramas de proteína de soja por dia.

Artigos controversos estabelecem limites de uso e levantam hipóteses sobre uma possível dificuldade de absorção da soja por indivíduos de grupos étnicos diferentes, sendo que o perfil de qualidade absortiva provavelmente determinará os reais efeitos benéficos do uso de produtos à base de soja na dieta. A qualidade absortiva deve ser considerada sempre no planejamento nutricional, porque a individualidade bioquímica traduz-se em características específicas na reação a um grupo de alimentos.

A maneira como a soja é processada influencia no conteúdo de isoflavonas. As maiores fontes são a proteína isolada de soja e a proteína concentrada de soja, mas para a preservação das isoflavonas as proteínas devem ser extraídas em água e não em álcool, ou serem consumidas na sua forma fermentada, como o *tofu* e o missô. O conteúdo total e tipo de isoflavonas e o teor de fenólicos dos produtos de soja dependem do processamento da capacidade antioxidante desses produtos, que varia significativamente.

A melhor maneira de se ingerir a soja e seus derivados é pela introdução de vários alimentos na dieta, para atingir a quantidade de proteínas recomendada. Algumas sugestões para inclusão da soja na sua alimentação:

- troque, em dias alternados, o feijão pela soja;
- use farinha de soja em massas e tortas;
- adicione farinha de soja em sucos e vitaminas;
- coloque soja cozida em saladas e pratos frios;

- tome, por alguns dias, leite de soja, ou como substituto para aqueles com intolerância ao leite de vaca;
- em lanches, prefira alimentos à base de soja: sucos, bolos, chocolate, biscoitos, etc.;
- use *tofu*, no lugar do queijo, em patês, sopas ou omeletes;
- adicione a proteína texturizada de soja em pratos como estrogonofe, quibe e tortas, misturada com a carne bovina ou substituindo-a.

Composição nutricional da soja

Proteínas

De 35% a 38% das calorias do grão de soja são provenientes de proteínas, enquanto em outras leguminosas fica entre 20% e 30%. Trata-se de proteína de alto valor biológico, que pode ser comparada à da carne e à do leite.

Gorduras

Calcula-se que 40% das calorias derivam de gordura, bem acima da maioria das leguminosas, que apresenta de 2% a 14% de gordura. A gordura é muito utilizada como óleo de soja. A maior parte é insaturada, sendo 63% poli-insaturada (ácido linoleico), 23% monoinsaturada (ácido oleico) e 14% saturada (ácido palmítico). O ácido linoleico é um ácido graxo ômega 3, essencial para redução de câncer e doenças coronárias. A gordura do grão pode ser removida.

Fibras

Uma porção de grãos de soja oferece por volta de 8 gramas de fibras. Alguns derivados, como *tofu* e leite de soja, não contêm alto teor de fibras, pois elas são removidas durante o processamento.

Tabela nutricional da soja

ALIMENTO	CALORIAS	PROTEÍNAS (G)	CARBOIDRATOS (G)	GORDURAS (G)	GORDURA SATURADA (G)
Grão de soja cozido, ½ xícara	149	14,3	8,5	7,7	1,1
Tempeh, ½ xícara	165	15,7	14,1	6,4	1,1
Proteína texturizada de soja, ½ xícara	59	11	7	0,2	*fat free*
Grãos torrados, ¼ de xícara	202	15	14,5	10	1,6
Tofu, ½ xícara	94	10	2,3	5,9	0,9
Farinha de soja, ½ xícara	81,7	12,8	8,4	0,3	0,02
Leite de soja, 1 copo	79	6,6	4,3	4,6	0,5

(cont.)

ALIMENTO	NIACINA (MG)	B6 (MG)	ÁCIDO FÓLICO (G)	CÁLCIO (MG)	FERRO (MG)	MAGNÉSIO (MG)	COBRE (MG)	ZINCO (MG)
Grão de soja cozido, ½ xícara	1,35	0,20	47	88	4,42	74	0,35	0,99
Tempeh, ½ xícara	3,8	0,25	43	77	1,9	58	0,55	1,5
Proteína texturizada de soja, ½ xícara	0,75	0,12	—	85	2	86	0,32	1,37
Soja torrada, ¼ de xícara	0,6	0,09	91	59	1,65	63	0,35	1,35
Tofu, ½ xícara	0,2	0,06	19	130	—	127	0,24	1
Farinha de soja, ¼ de xícara	0,65	0,14	76	60	2,3	72	1	0,61
Leite de soja, 1 copo	1,4	0,10	4	93	1,38	45	0,288	0,54
Recomendação diária para adultos	15	1,6-2	180-200	800	10-15	280-350	1,5-3	12-15

Fonte: Departamento de Agricultura dos Estados Unidos (USDA).

Uma breve história da soja

A soja no mundo

Entre os chineses, a soja era considerada um dos cinco grãos sagrados, junto com o arroz, o trigo, a cevada e o milheto. Pela tradição, essas culturas surgiram há quase 5 mil anos, quando Sheng-Nung, o segundo imperador celestial, deu início à agricultura, assim como às experiências com o poder terapêutico das plantas.

Os ancestrais da soja – grãos ainda em fase de pré-domesticação – eram plantas rasteiras derivadas da *Glycine ussuriensis,* nativas da costa oriental do norte da China, às margens do rio Yang Tsé. Assim como outras culturas de longa domesticação, a relação entre a soja atual e as espécies selvagens é obscura, sendo difícil de ser estabelecida com exatidão.

A evolução se deu a partir do cruzamento natural entre espécies de soja selvagem, que foram domesticadas e aperfeiçoadas a partir de 1100 a.C., data estimada por meio de testes de DNA como a mais correta. Nesse processo de domesticação, os grãos cresceram e as plantas ficaram mais altas e resistentes.

De acordo com antigos documentos chineses, a agricultura da soja surgiu durante a dinastia Zhou (de 1000 a.C a 250 a.C., aproximadamente), e tornou-se fundamental para a cultura e culinária da China. Foi nessa dinastia que surgiram projetos de irrigação, implementos agrícolas de ferro, impostos e, principalmente, as técnicas de preparo do grão para alimentação. Criadas no palácio imperial, essas técnicas se difundiram para além dos muros, alcançando a população em geral.

Outro fator importante para o desenvolvimento da soja foi a influência do budismo e da dieta vegetariana, norteada pelo princípio da não-violência. A substituição da faca pelo *hashi* ("palitinhos"), por exemplo, é um dos símbolos desse princípio, assim como as denominações que a soja recebeu: "carne sem osso" e "vaca da China". O *tofu* passou a ser alimento essencial tanto da culinária dos monges budistas como de lugares onde o vegetarianismo budista era praticado, como o Japão.

Do século I até o século XVI, a soja expandiu-se para regiões que hoje correspondem a diversos países asiáticos, como Coreia, Japão, Indonésia, Filipinas, Vietnã, Tailândia e Malásia. A primeira referência textual japonesa à soja está no clássico *Kojiki*, concluído em 712, um dos primeiros relatos sobre a história do Japão antigo.

Na Europa, as rotas comerciais terrestres e marítimas só permitiram que a soja fosse introduzida no fim do século XV e início do século XVI, graças principalmente aos navegadores portugueses. A primeira descrição do *tofu* conhecida hoje é de 1665, feita pelo frei Domingo Fernández Navarrete, missionário dominicano, em sua obra *Tratados históricos*:

> Mencionarei aqui brevemente o alimento mais habitual, mais comum e mais barato, existente em abundância na China, e que, nesse império, é comido por todos, do imperador ao homem mais humilde... Chama-se Teu Fu... O chinês que tem Teu Fu, ervas e arroz não precisa de outro sustento para trabalhar.[4]

O botânico alemão Engelbert Kaempfer, depois de uma longa viagem pela Pérsia, pela Indonésia e pelo Japão, publicou, em 1712, *Amoenitatum exoticarum* (*Sobre graças exóticas*), a primeira descrição, no mundo ocidental, a respeito do processamento e utilização da soja como alimento. No entanto, na Europa, a dieta à base de carne não sofreu o mínimo abalo, e a soja e seus produtos permaneceram apenas como curiosidade científica.

Nos Estados Unidos, a soja foi introduzida no início do século XIX, mas somente adquiriu importância econômica no fim daquele século, quando alguns fazendeiros passaram a cultivá-la para alimentação de gado.

---

4 *Apud* Ken Albala, *Beans: a History*, Nova York: Berg, 2007.

No início do século XX, o alto teor de proteína e óleo do grão despertou o interesse dos pesquisadores norte-americanos, que começaram a estudar diversas variedades de soja procedentes do Japão. No início da década de 1930, desenvolveu-se uma tecnologia de extração do óleo de soja capaz de eliminar o odor desagradável do produto final. Nessa década, houve investimentos em pesquisa e desenvolvimento de produtos à base de soja, tanto alimentícios quanto industriais. Henry Ford, o pioneiro da indústria automobilística, foi um dos investidores interessados no potencial econômico da soja, começando a utilizar autopeças de plástico de soja. Os usos industriais da soja e o óleo de soja são descendentes diretos de todos esses experimentos.

Em 1940, a produção da soja como planta forrageira atingiu o auge, e a área cultivada nos Estados Unidos alcançou 2 milhões de hectares. A partir de 1941, a área destinada a esses grãos superou a área plantada para forragem, cujo cultivo, desde então, declinou rapidamente, desaparecendo em meados da década de 1960.

A partir dos anos 1950, nos Estados Unidos, dois grupos ideologicamente antagônicos estimularam ainda mais o desenvolvimento da soja. Por um lado, a contracultura, movimento constituído na maior parte por militantes vegetarianos, buscava alimentos "naturais" como alternativa aos alimentos altamente processados e não-saudáveis da moderna indústria alimentícia, responsável por práticas ambientalmente destrutivas. Por outro, o agronegócio norte-americano fomentava os usos industriais da soja. Por meio de tecnologia moderna, a indústria prensava ou extraía por meio de solvente o óleo dos grãos de soja, e a torta residual era empregada como adubo e ração. Esse óleo também se transformava em gordura pobre em colesterol, sob a forma de margarina. A farinha de soja era utilizada como aditivo de alta proteína na indústria da panificação, e a proteína texturizada de soja (PTS), como substituta da carne. Dessa maneira, a soja, ironicamente, tornou-se o ícone tanto da contracultura como também da indústria alimentícia.

Atualmente, os Estados Unidos são o maior produtor e exportador mundial de soja, com uma produção de 72,8 milhões de toneladas na safra 2007/2008,[5] cultivando o produto em mais de 30 Estados, principalmente em Iowa, Illinois, Minnesota, Indiana, Ohio, Missouri e Nebraska.

A soja no Brasil

Após algumas experiências a partir de variedades norte-americanas na Bahia e em São Paulo no fim do século XIX e início do século XX, a soja passou a ser cultivada no Rio Grande Sul, no município de Santa Rosa, na década de 1910.

O Rio Grande Sul oferecia condições para o desenvolvimento e a expansão da cultura da soja por causa das semelhanças climáticas com o ecossistema do sul dos Estados Unidos. Inicialmente, a soja foi cultivada como planta forrageira, destinada à alimentação de suínos e adubação do solo, e assim permaneceu até 1941, quando foi implantada a primeira indústria de processamento de soja do país, também em Santa Rosa. Em 1949, pela primeira vez, o Brasil apareceu como produtor de soja nas estatísticas internacionais, com uma produção de 25 mil toneladas.

No início da década de 1960, a cultura da soja conheceu seu primeiro grande impulso, em consequência principalmente de dois fatores. O primeiro referia-se à triticultura, que, por meio dos incentivos fiscais concedidos pelo governo federal em meados da década de 1950, tornou-se a principal atividade agrícola do Rio Grande Sul. A soja beneficiou-se dessa política, surgindo como uma opção de verão, em sucessão ao trigo, pois seu cultivo era favorável tanto do ponto de vista técnico (leguminosa sucedendo gramínea) como econômico (aproveitamento da mesma área, máquinas

---

[5] Dados disponíveis em http://www.soystats.com.

e implementos, infraestrutura e mão-de-obra utilizadas para o cultivo do trigo no inverno). O outro fator envolveu o aumento da produção nacional de suínos e aves, criando demanda por farelo de soja.

Assim, no fim da década de 1960 a soja já assumia um papel de grande importância para a economia brasileira. Nessa década, a produção se quintuplicou, passando de 200 mil toneladas (1960) para 1 milhão de toneladas (1969), e a área plantada se expandiu para Santa Catarina e Paraná, com 98% do volume produzido concentrado na Região Sul.

Em meados dos anos 1970, além do aumento significativo do preço da soja no mercado mundial, outros fatores estimularam ainda mais a ação dos agricultores e do governo. Entre esses, incluíam-se:

- condições favoráveis para a comercialização internacional da soja brasileira, cuja safra ocorre no período da entressafra norte-americana;
- a rápida substituição de gorduras animais por óleo de soja e outros, mais saudáveis ao consumo humano;
- a criação de uma indústria de processamento da soja;
- a facilidade de mecanização da cultura;
- o surgimento de um sistema cooperativista eficiente na produção e comercialização;
- as melhorias na infraestrutura (estradas, portos e telecomunicações).

Também devem-se ressaltar os investimentos maciços que passaram a ser feitos em pesquisa e tecnologia, levando à "tropicalização" da soja e a significativos aumentos da produtividade. Esse processo foi liderado, em grande parte, por técnicos da Embrapa, instituição ligada ao Ministério da Agricultura, Pecuária e Abastecimento. O centro de pesquisa Embrapa Soja foi criado em 1975, em Londrina, no Paraná.

Entre as contribuições da Embrapa Soja, destacam-se o desenvolvimento de cultivares (variedades cultivadas de uma espécie, com características estáveis e padronizadas) adaptadas às baixas latitudes dos climas tropicais, com características específicas a todas as regiões produtoras brasileiras; o controle biológico de pragas e as técnicas de manejo e conservação do solo. No Brasil, em 2006, essa empresa detinha uma participação de 46% do mercado de sementes de soja, entre sementes convencionais, orgânicas e transgênicas.

Na década de 1970, a soja se consolidou como a principal cultura do agronegócio brasileiro. A produção, ainda concentrada no Rio Grande do Sul, em Santa Catarina e no Paraná, passou de 1,5 milhão de toneladas em 1970 para 15,2 milhões de toneladas em 1979, e a área plantada passou de 1,3 milhão para 8,8 milhões de hectares. A participação brasileira na produção mundial cresceu de 3,6%, em 1970, para 18,7%, em 1980.

Nas décadas de 1980 e 1990, o cultivo expandiu-se além da Região Sul e alcançou a Região Centro-Oeste, onde apresentou um crescimento vertiginoso: de menos de 2% da produção nacional em 1970 chegou a 20% em 1980, a mais de 40% em 1990 e a quase 60% em 2003.

Diversas causas contribuíram para o desenvolvimento desse processo no Brasil Central, como:

- melhoria da infraestrutura depois da inauguração de Brasília, com a construção de rodovias, ferrovias e hidrovias, a urbanização acelerada e a implantação de sistemas de telecomunicações;
- incentivos fiscais;
- estabelecimento de agroindústrias;
- baixo custo da terra em comparação ao da Região Sul;
- desenvolvimento de tecnologias específicas para o ecossistema do Cerrado, transformando 200 milhões de hectares em área potencial para o cultivo da soja e de outros grãos;
- topografia favorável à mecanização da lavoura;

- produtores de soja originários, em sua maioria, da Região Sul, já detentores do *know-how* do plantio;
- regime pluviométrico favorável para o cultivo de verão.

O aumento da produção da soja de quase 260 vezes em apenas quatro décadas representou uma revolução comparável à representada pela cana-de-açúcar, no Brasil Colônia, e pelo café, no Brasil Império e República Velha. A soja foi a responsável pelo surgimento do agronegócio no Brasil, inspirou mudanças em outras culturas, acelerou a mecanização das lavouras, expandiu as fronteiras agrícolas e a interiorização da população, entre outros importantes desdobramentos.

Atualmente, o Brasil é o segundo maior produtor mundial de soja, com uma produção de 60,1 milhões de toneladas em 2007, atrás apenas dos Estados Unidos e à frente da Argentina, da China e da Índia.

FOTO: LUIZ BALTAR

Grãos de soja

Kibe de Soja Assado
Kibe Bi Siniê
Hage
alimento árabe natural & light
Trigo Fino, Grãos de Soja, Cebola, Hortelã, Sal Marinho, Óleo de Girassol e Tempero Sírio.
250g

Kibe de Soja
Kibe Bi Siniê
Hage
Trigo Fino, Farinha de Soja, Carne de Soja, Cebola, Hortelã, Sal, Óleo de Girassol e Tempero Sírio.
Contém Glúten.
alimento árabe natural & light

MASSA ALIMENTÍCIA TIPO TALHARIM COM SOJA
Carrefour
Viver soja
naturalmente com proteína de soja
massa tipo talharim com soja
fonte de fibras
0% gorduras trans
mais sabor
INDÚSTRIA BRASILEIRA
PESO LÍQUIDO 200g

VITA SANA
Bife de Soja
Desidratado
O Bife Desidratado de Soja Vita Sana possui alto teor de proteínas, o que o torna um excelente substituto da carne, além de baixa quantidade de gorduras.
A elevada quantidade de fibras ajuda a regular o intestino, previne o câncer do cólon e auxilia na diminuição do colesterol sanguíneo.
Ingredientes: Farinha de soja sem gordura
100% Natural
Não Contem Glúten
CONSERVAR EM LOCAL FRESCO E
PESO LÍQUIDO 100g.
Val. 20/12/2008
Lot. 008/097

Samurai
TOFU
Sojaburguer
Alho & Ervas
190g
ECO CERT
www.samuraitofu.com.br

natural & vegetal
SAMURAI TOFU
Tofuburguer
Legumes & Cereais
200g
www.samuraitofu.com.br
Indústria Brasileira
Fab: 14/03/2007
Lot: 701
Val: 12/06/2007

Sadia
Vita Soja
NUGGETS
Proteína Vegetal
Não Contém Carne
PESO LÍQUIDO 300g
INDÚSTRIA BRASILEIRA
PEDAÇOS TEMPERADOS, EMPANADOS, COZIDOS E CONGELADOS DE PROTEÍNA VEGETAL

NOVO
Palitos Crocantes Assados
SOJA com gergelim
Sem Adição de Açúcar
Sem Colesterol
Fonte de Proteínas
0% Gordura Trans
Tia Mona
PESO LÍQ. 160g

taeq
120g

Sobremesa de Soja
Alimento com Soja. Naturalmente sem colesterol e sem lactose por ser alimento de soja.
Delisoy
sabor chocolate
ORGÂNICO
103 kcal
Ecobras

Mãe Soy Cookie
Biscoito Integral com Soja
√ Fonte de fibras
√ Fonte de proteína
√ Isento de colesterol
√ Contém óleo de girassol (não contem gordura vegetal hidrigenada).
MãeTerra
Contém glúten
Peso Líq. 180g

Salware
Contém 3 unidades de 20g
SEM LACTOSE
100% VEGETAL
SEM COLESTEROL
Chocolate Soja
INFORMAÇÃO NUTRICIONAL
Chocolate SOJA
NÃO CONTÉM GLÚTEN
SOJA LIVRE DE TRANSGÊNICO
LOTE:08528
VAL:28/05/09

Mistura para bolo com soja
Soy Cake
sabor chocolate
Sem Lactose
Sem Glúten
Com Açúcar Orgânico
Peso Líquido
redução de 450g para 300g

BALA DE SOJA
Balas Naturais Funcionais
Light
Rica em Fibras
Não Contém Corantes
Peso Líquido:
50g
Indústria Brasileira

GoodCookies
Cookies Integrais de Soja Sem Glúten
soja
Maçã com Canela e Passas
sem glúten
33g
GOOD SOY

OLVEBRA
Alimento com Soja
SOYMILKE
Condensado de Soja
100% vegetal
330g
Sem Lactose
Sem Colesterol

OLVEBRA
ALIMENTO COM SOJA RICO EM VITAMINAS E CÁLCIO
SOYMILKE
Omega
Alternativa ao leite
8g de soja
Sem adição de Açúcar
Rico em Cálcio
0% lactose colesterol
250g
SOYMILKE Omega
FONTE DE PROTEÍNAS
MODO DE PREPARO

Soyos
woman care
90kcal
4g DE SOJA
RICA EM PROTEÍNAS, FIBRAS, FERRO, CÁLCIO, MAGNÉSIO, SELÊNIO E VITAMINAS D, C, E E ÁCIDO FÓLICO.
Castanhas com Chocolate
66g

Produtos à base de soja

CRÉDITO: © GORDUTINA | DREAMSTIME.COM

CRÉDITO: © LANALANGLOIS | DREAMSTIME.COM

Tofu

CRÉDITO: PAUL PREACHEV

Shoyu

FOTOS DE DIVULGAÇÃO

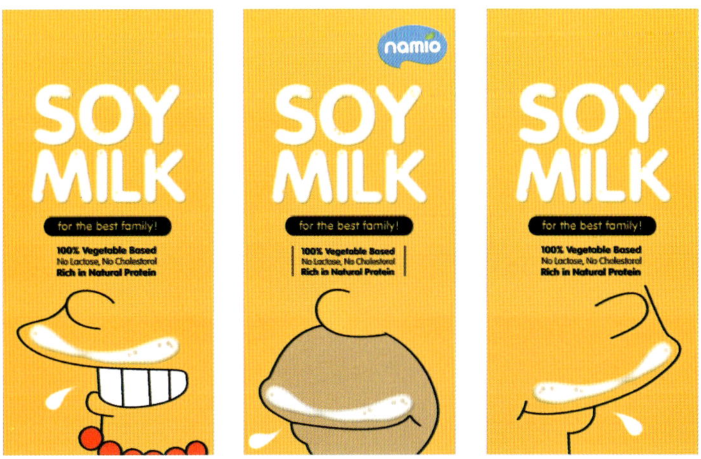

Embalagens de produtos à base de soja: leite

Ciabatta com hambúrguer de soja

CRÉDITO: © MJSETABOR | DREAMSTIME.COM

CRÉDITO: © TONOBALAGUER | DREAMSTIME.COM

Broto de soja

CRÉDITO: © ITAYURI | DREAMSTIME.COM

Edamame (soja verde e fresca)

Creme de leite à base de soja

Anúncio de shoyu em revista japonesa

FOTOS DE DIVULGAÇÃO

Carne de soja

CRÉDITO: © COLDFUSION | DREAMSTIME.COM

Máquinas de colheita de soja

CRÉDITO: FERNANDO WEBERICH

CRÉDITO: © FLARIV | DREAMSTIME.COM

Etanol produzido a partir de sementes de soja

A planta

Classificação científica

Glycine max é o nome científico da soja, que se originou de outra espécie selvagem, a *Glycine soja*. O nome *Glycine* foi proposto por Carlos Lineu (ou Carolus Linnaeus), em 1737, em sua obra *Hortus Cliffortianus*, na qual começou a desenvolver o sistema binomial de nomenclatura usado hoje. A combinação *Glycine max* (L.) Merr., proposta por Merrill, em 1917, tornou-se o nome científico válido.

A palavra "soja" derivou-se da palavra japonesa *shoyu* (molho de soja), e não de *daizu*, a palavra japonesa que designa o grão, ou de *doudou*, a palavra chinesa.

reino	Plantae
divisão	Magnoliophyta
classe	Magnoliopsida
ordem	Fabales
família	Fabaceae
subfamília	Faboideae
gênero	Glycine
espécie	G. max
nome binomial	Glycine max (L.) Merr.

Morfologia

A soja pertence à família das leguminosas, assim como o feijão, a lentilha, a ervilha e o grão-de-bico, entre outros grãos. É uma planta herbácea anual, com altura que pode variar de 20 centímetros a 2 metros.

Possui folhas com três folíolos cordiformes e vagens híspidas, ambas cobertas por uma fina pubescência. Nas axilas da folhas, nascem pequenas flores amarelas, brancas ou violáceas. As folhas caem antes do amadurecimento das sementes. O fruto é a vagem achatada e curta, que em geral contém de duas a cinco sementes, com 5 a 11 milímetros de diâmetro. As sementes são de cor branca, amarela, verde ou preta, dependendo da variedade cultivada.

O sistema radicular é capaz de fixar o nitrogênio atmosférico no solo, estabelecendo uma relação simbiótica com a bactéria *Bradyrhizobium japonicum*; esse é o motivo pelo qual a soja também é indicada e plantada para recuperar solos fracos, como o do Cerrado brasileiro.

Composição do grão

A semente seca da soja contém, em média, 40% de proteínas e 20% de lipídios. Entre os componentes restantes, incluem-se 35% de carboidratos e 5% de minerais, aproximadamente.

A soja é uma das fontes mais ricas e mais baratas de proteína vegetal. A distribuição de aminoácidos da proteína de soja se assemelha mais à encontrada na proteína animal do que a distribuição encontrada na maioria das outras fontes vegetais, com balanceamento satisfatório dos aminoácidos essenciais (aqueles que o organismo não sintetiza ou não produz em quantidade suficiente). Enquanto a soja apresenta teor médio de proteínas de cerca de 40%, o feijão-preto, a ervilha e a lentilha possuem, respectivamente, 20%, 20,7% e 24%. A maior parte da proteína da soja é relativamente termoestável, permitindo a fabricação de produtos que requerem alta temperatura de cozimento, como *tofu*, leite de soja e proteína de soja.

Em relação aos lipídios – a fração oleosa do grão –, a porcentagem existente na soja, em comparação com outras leguminosas, também é muito maior: 20% contra 1% no feijão-preto, 1,4% na ervilha e 1,8% na lentilha. Ao serem hidrolisados pelo processo digestivo, os lipídios fornecem ácidos graxos, que podem ser insaturados ou saturados, presentes em maior quantidade, respectivamente, nos alimentos de origem vegetal e animal. Os ácidos graxos mono ou poli-insaturados (óleos) são considerados mais saudáveis do que os saturados (gorduras sólidas ou semissólidas). A soja contém cerca de 86% de ácidos graxos insaturados, com quase 60% desse total constituídos por ácidos graxos essenciais, os ácidos linoleico e linolênico – aqueles que o organismo é incapaz de produzir e deve obter por meio de uma alimentação balanceada.

Os carboidratos, que após a digestão liberam moléculas de glicose, são essenciais para o metabolismo energético. Entre os carboidratos existentes na soja incluem-se açúcares (sacarose e frutose), fibras solúveis e insolúveis e oligossacarídeos (rafinose e estaquiose). Além do baixo teor de sacarose e frutose (5%), a soja não possui amido ou féculas. A soja também é uma excelente fonte de fibras, tanto insolúveis (15%) como solúveis (3%), que apresentam efeitos benéficos na prevenção e tratamento de diversas doenças.

Em termos de composição mineral, o grão possui cálcio, fósforo, ferro, zinco e outros. O teor de cálcio varia de 160 mg a 470 mg (média de 230 mg) por 100 g de grãos, suprindo 30%, em média, da necessidade diária de cálcio recomendada para homens entre 22 e 35 anos, com 70 kg. Entre as funções dos minerais no organismo destacam-se a regulação das atividades enzimáticas e a manutenção do equilíbrio do pH e da pressão osmótica.

Quanto ao conteúdo vitamínico, a soja contém boa quantidade de vitaminas do complexo B (tiamina, riboflavina, niacina e piridoxina), fato incomum nos alimentos de origem vegetal. No entanto, como muitas das vitaminas da soja são termossensíveis, podem ser destruídas durante o cozimento ou torrefação do grão.

As isoflavonas e outros fitoquímicos

A soja possui diversos compostos fitoquímicos que não têm calorias mas são ativos fisiologicamente. Entre esses compostos destacam-se as isoflavonas, cuja concentração é muito maior que em qualquer outro produto de origem vegetal. A isoflavona é uma substância complexa, cuja concentração no grão depende da variedade, local e ano da semeadura, mas, principalmente, da temperatura durante o crescimento. Ela apresenta propriedades estrogênicas, mas sua ação é de 10 mil a 100 mil vezes mais fraca que a dos hormônios estrogênicos naturais e sintéticos. As propriedades da isoflavona na prevenção e no tratamento de diversas doenças estão sendo pesquisadas, mas por enquanto não há resultados conclusivos em relação ao seu papel.

A soja crua contém ainda em sua composição fatores antinutricionais ou anticrescimento ativos, capazes de provocar efeitos negativos tanto no crescimento quanto na saúde humana e animal. Entre esses compostos, destacam-se os inibidores de proteases (inibidor de tripsina), as lectinas ou hemaglutininas e os fitatos. Por meio do tratamento térmico – cozimento ou torração – ou da fermentação, esses compostos são desativados parcialmente, melhorando a qualidade da proteína da soja.

O cultivo

Embora possa ser cultivada na maioria dos tipos de solo, a soja apresenta desenvolvimento ideal em solos aluviais úmidos com conteúdo orgânico satisfatório. O cultivo é bem-sucedido em climas com verões quentes, em temperaturas entre 20 °C e 30 °C. Em geral, as cultivares modernas atingem uma altura próxima de 1 metro.

A soja é colhida de 80 a 120 dias depois da semeadura. Nos Estados Unidos, a colheita acontece entre setembro e outubro, quando o teor de umidade da semente fica abaixo de 13%, permitindo o armazenamento seguro. No Brasil, a colheita concentra-se entre os meses de fevereiro e abril, quando o teor de umidade também atinge nível semelhante.

O crescimento acentuado da produção de soja no Brasil, obtido pela expansão da fronteira agrícola, vem causando sérias preocupações de ordem ambiental. Em maio de 2005, a maior ameaça à Amazônia era, de acordo com um editorial do *The New York Times*, o crescimento explosivo do cultivo de soja no Mato Grosso, na orla sul da floresta, estimulado principalmente pela crescente demanda da China e da Europa.

Em 2003, o índice de desmatamento na Amazônia brasileira alcançou 16,2% da floresta original da Amazônia Legal, de acordo com dado do Instituto Nacional de Pesquisas Espaciais (Inpe). Para organizações não-governamentais dedicadas à defesa do ambiente como Greenpeace e WWF, o cultivo da soja nas terras fartas e baratas da Amazônia já destruiu grandes áreas da floresta, e está estimulando novos desmatamentos.

A expansão da fronteira agrícola é defendida como uma necessidade econômica. Como afirma o diplomata Everton Vargas, chefe da Divisão do Meio Ambiente do Itamaraty durante muitos anos:

> Para competir com os subsídios oferecidos pelos Estados Unidos e pela União Europeia a seus agricultores, temos de expandir a fronteira

> agrícola, e essa é uma das principais causas do desmatamento. Temos de expandir nossas fronteiras para sermos competitivos.[6]

Para o atual governador do Mato Grosso, Blairo Maggi, maior proprietário de terras do estado e maior produtor mundial de grãos de soja, o movimento ambientalista internacional representa o cavalo de Troia que carrega os interesses agrícolas dos países desenvolvidos: "Há muita hipocrisia na Europa e nos Estados Unidos. Eles berram quando cortamos uma árvore, mas não berram quando uma criança morre ou quando ela não tem escola. Se querem nos ajudar, então que nos ajudem a ajudar a nós mesmos".[7]

Segundo o Departamento de Agricultura dos Estados Unidos, "de acordo com estimativas bastante conservadoras, a produção tropical de soja na Amazônia poderia se expandir em mais de 40 milhões de hectares em terras já desmatadas, através da utilização de uma parte dos atuais pastos e cerrados".[8] É uma área equivalente aos Estados norte-americanos de Illinois, Iowa e Kansas.

Toby McGrath, pesquisador do Instituto de Pesquisa Ambiental da Amazônia (Ipam), critica os ambientalistas que se preocupam apenas em desacelerar a taxa de desmatamento, pois eles se esquecem de zelar pela qualidade das terras depois da devastação: "Primeiro, perdem a floresta. Depois perdem a oportunidade de tirar vantagem do capital natural da floresta para criar uma economia regional produtiva e sustentável".[9]

De acordo com os critérios defendidos por McGrath, o cultivo da soja é provavelmente a atividade em grande escala mais apropriada a ser praticada na Amazônia:

---

[6] *Apud* Mark London & Brian Kelly, *A última floresta: a Amazônia na era da globalização* (São Paulo: Martins, 2007), p. 102.

[7] *Ibid.*, p. 234.

[8] *Ibid.*, p. 238.

[9] *Ibid.*, p. 241.

> Ela segue um planejamento direto e ocupa apenas áreas planas, minimizando a erosão. Não recorre a queimadas, como a pecuária e outras atividades agrícolas. A dinâmica social é muito diferente da expansão da pecuária. A violência é bem menos comum do que no caso de madeireiros e especuladores imobiliários.[10]

Sua proposta tem muitos pontos em comum com o Sistema Integrado de Produção, uma tecnologia desenvolvida pela Embrapa e que começou a ser implantada em caráter experimental em fevereiro de 2008. Esse sistema utiliza o cultivo da soja como alternativa para a recuperação de áreas já degradadas da floresta, reduzindo a pressão para o desmatamento de novas áreas.[11]

Contudo, em 24 de junho de 2006, pressionadas por movimentos sociais e entidades ambientalistas brasileiras e europeias, as principais associações que controlam a comercialização da soja declararam uma inédita e surpreendente moratória. Durante dois anos, essas associações se comprometeram a não comprar a soja produzida em áreas recém-desmatadas da Amazônia. No fim do primeiro ano da moratória, as taxas de desmatamento em Mato Grosso e no Pará caíram 40% e 41%, respectivamente.

Soja transgênica

Antes do plantio de uma cultura, pode-se aplicar um herbicida à base de glifossato para o controle de ervas daninhas – o inço – e limpeza do solo. No entanto, as sementes convencionais necessitam de um prazo de carência antes da semeadura, pois tal qual o inço, elas não resistem ao efeito do glifossato e morrem.

---

[10] *Ibid.*, p. 244.

[11] Sílvia Freire, em *Folha de S.Paulo*, São Paulo, 3-2-2008, p. A18.

Utilizando técnicas da biotecnologia, a Monsanto, fabricante do Roundup, o herbicida à base de glifossato mais vendido em todo o mundo e cuja patente estava quase para expirar, desenvolveu uma semente de soja geneticamente modificada (transgênica) denominada Roundup Ready (RR). Essa semente possui a cópia de um gene da bactéria *Agrobacterium* sp., variedade CP4 inoculada no seu genoma, tornando-a resistente à absorção do glifossato. Dessa maneira, a semente germina e cresce sem incompatibilidade com o herbicida.

Nos Estados Unidos, as primeiras sementes transgênicas foram utilizadas na safra de 1996. Dez anos depois, nos Estados Unidos, 89% da soja plantada já era geneticamente modificada.

Em 1997, a Embrapa Soja começou a realizar pesquisas com soja transgênica, firmando acordos de licenciamento com a Monsanto, a Basf e outras empresas de biotecnologia. No Brasil, inicialmente, as sementes de soja transgênica entraram por contrabando e foram legalizadas posteriormente, em uma anistia promovida no primeiro mandato do governo Lula. Com a aprovação da Lei de Biossegurança, em março de 2005, as sementes transgênicas começaram a ser comercializadas legalmente para a safra 2005/2006.

Em 2005, a área cultivada com soja geneticamente modificada em todo o mundo alcançou a expressiva marca de 60% do total, permanecendo os 40% restantes dedicados a variedades tradicionais. Em parte, isso se deve ao fato de a produção da soja estar concentrada em apenas três países: Estados Unidos, Brasil e Argentina. A América do Norte responde por cerca de 60% da área plantada mundial, seguida pela América do Sul, com 31%, e Ásia, com cerca de 7%.

No Brasil, em 2007, a área plantada com culturas transgênicas alcançou 15 milhões de hectares, com a soja ocupando 14,5 milhões de hectares, representando entre 65% a 70% do total da área plantada com o grão, segundo estimativas da Companhia Nacional de Abastecimento (Conab).

Soja orgânica

A soja orgânica é a cultivada sem herbicidas, fungicidas e inseticidas, proporcionando diversos benefícios para o meio ambiente. Além do custo de produção menor que o do sistema convencional, tem o valor de comercialização superior ao da soja convencional, constituindo assim uma boa alternativa para os pequenos produtores.

Como todo alimento orgânico, a soja deve apresentar um selo de garantia emitido por uma entidade certificadora, que identifica a região de produção, os produtores envolvidos e se foram seguidas as diretrizes internacionais de certificação orgânica. As entidades certificadoras estabelecem critérios referentes ao preparo do solo, às sementes, ao controle das ervas daninhas, insetos e doenças, ao uso de fertilizantes e à colheita. A agricultura orgânica não permite a utilização de sementes transgênicas.

As lavouras de soja orgânica, anteriormente concentradas no sudoeste do Paraná, expandiram-se para o norte daquele estado, para o Rio Grande do Sul, Goiás, São Paulo e outras regiões. Quase toda a produção de soja orgânica é exportada para a Europa e os Estados Unidos, pois, no Brasil, a demanda por produtos à base de soja para alimentação humana ainda é pequena.

Há cultivares orgânicos oferecidos pela Embrapa Soja, de sabor suave (BRS 213) e de grãos miúdos (BRS 216), entre outras. Além disso, a empresa desenvolve o controle da lagarta da soja por meio do baculovírus, inseticida natural elaborado a partir da própria lagarta, bem como o do percevejo da soja, pela vespinha *Trissolcus basalis*, muito eficaz em regiões de microbacias.

A soja na economia

A produção mundial de soja atingiu 236,08 milhões de toneladas, em uma área plantada de 93,9 milhões de hectares, de acordo com o Departamento de Agricultura dos Estados Unidos.[12]

Nesse mesmo ano, os Estados Unidos foram o maior produtor mundial do grão, com 86,77 milhões de toneladas, ou seja, quase 37% da produção mundial, colhidas em uma área plantada de 30,19 milhões de hectares, atingindo, assim, uma produtividade de 2,87 toneladas por hectare.

Na América do Sul, a produção alcançou 115,1 milhões de toneladas, em uma área plantada de 40,23 milhões de hectares, com produtividade próxima da americana.

O Brasil, o segundo maior produtor mundial, respondeu por pouco mais de 50% da produção regional e quase 25% da produção mundial, com 58,4 milhões de toneladas, colhidas em uma área plantada de 20,687 milhões de hectares, alcançando, dessa maneira, uma produtividade média de 2,82 toneladas por hectare.

No Brasil, a soja é a cultura de grãos que ocupa a maior área plantada, correspondente a 44,9% do total, seguida do milho, com 30,1% (13,84 milhões de hectares); do feijão, com 9,1% (4,18 milhões de hectares); do arroz, com 6,4% (2,97 milhões de hectares); do trigo, com 3,8% (1,76 milhões de hectares); e das demais culturas, com 5,7% (2,62 milhões de hectares).

Em virtude da pesquisa e do desenvolvimento, a produtividade no Brasil cresceu sem interrupções ao longo dos últimos trinta anos: 1,20 tonelada por hectare no início da década de 1970; 1,73 tonelada por hectare em 1980; 1,94 tonelada por hectare em 1990; e 2,37 toneladas por hectare no fim da década de 1990.

---

[12] Se não indicados de outra maneira, os dados referem-se à safra 2006/2007, e se baseiam nas seguintes fontes: Empresa Brasileira de Pesquisa Agropecuária (Embrapa), Departamento de Agricultura dos Estados Unidos (USDA), Companhia Nacional de Abastecimento (Conab), Associação Brasileira das Indústrias de Óleos Vegetais (Abiove) e Ministério do Desenvolvimento, Indústria e Comércio Exterior.

As Regiões Centro-Oeste e Sul são responsáveis por mais de 80% da área plantada. O maior produtor brasileiro de soja foi o Estado de Mato Grosso, com 15,359 milhões de toneladas, em uma área plantada de 5,125 milhões de hectares, com produtividade de 3 toneladas por hectare. O segundo maior produtor foi o estado do Paraná, com produção de 11,916 milhões de toneladas, área plantada de 3,98 milhões de hectares e produtividade de 2,99 toneladas por hectare.

A rápida ascensão do Brasil à categoria de superpotência da soja surpreendeu o governo e os produtores norte-americanos. Um relatório do Departamento de Agricultura dos Estados Unidos, em 2003, concluiu que o potencial latente do crescimento da economia agrícola brasileiro fora subestimado. "A combinação de terras baratas e grandes safras dão aos agricultores uma confortável margem média de lucro bruto, estimada em torno de 15% a 30%, apesar dos altos custos de transporte."[13]

Em fevereiro de 2001, depois de visitar plantações de soja no Mato Grosso, um fazendeiro de Iowa afirmou: "Fui ao Brasil com algumas ideias preconcebidas sobre a maneira como eles cultivam. Voltei outra pessoa. Como agricultores, nós não estamos preparados. Há pessoas na América do Sul que mudarão a maneira como vivemos aqui."[14]

Na década de 1990, o consumo anual mundial de soja cresceu aproximadamente 5,5% por ano, em consequência de dois fatores principais: o mal da vaca louca, na Europa, tornando o farelo de soja a ração exclusiva dos rebanhos europeus, e a rápida ascensão da classe média chinesa, que começou a se interessar em consumir carne bovina, resultando, entre 1999 e 2003, em um crescimento da importação de soja de quase dez vezes, de 620 mil para 6,1 milhões de toneladas.

---

[13] Mark London & Brian Kelly, *A última floresta*, cit., p. 241.

[14] *Ibid.*, p. 242.

Prevê-se que, até 2010, a produção brasileira de soja ultrapassará a norte-americana, já que os produtores dos Estados Unidos não vão mais conseguir competir com os custos da produção do Brasil, principalmente da região amazônica. Em 2003, os produtores de Mato Grosso tiveram um retorno de US$ 21 por hectare, enquanto em Dakota do Norte, foi de apenas US$ 6,50 por hectare, e em Iowa, o prejuízo foi de US$ 18 por hectare.

Em 2006, segundo a Conab, os custos operacionais de produção por saca de 60 kg variaram desde R$ 17,33, em Rio Verde (GO), até R$ 30,37, em Sapezal (MT), passando por R$ 21,93, em Campo Mourão (PR) e R$ 23,11, em Cruz Alta (RS).

Atualmente, a soja é a principal *commodity* da pauta brasileira de exportações. Em 2006, o Brasil exportou um total de US$ 9,3 bilhões do complexo soja (grão, farelo e óleo), sendo US$ 5,7 bilhões em grão, US$ 2,4 bilhões em farelo e US$ 1,2 bilhão em óleo, correspondente a 6,77% do total das exportações brasileiras. A estimativa para 2007 era de vendas externas do complexo soja de US$ 11,945 bilhões, superando o resultado de 2006 em quase 29%, em virtude de uma elevação média de 27% nos preços de exportação.

Usos da soja na alimentação humana e na indústria

É pequena a familiaridade de muitos brasileiros com o grão de soja, e motivos para isso não faltam: cozido em água pura, ele parece desagradável ao paladar e ao olfato, com gosto amargo e cheiro de feijão cru ou de mato verde. O sabor desagradável é causado por enzimas chamadas lipoxigenases, que, em contato com a água fria, iniciam uma reação oxidante, produzindo compostos como aldeídos, cetonas e alcoóis. Para evitar o desencadeamento desse processo, deve-se realizar um tratamento térmico prévio, que será descrito mais adiante.[15]

É necessário agregar sabor, textura, valor nutricional e digestibilidade à soja e seus derivados. Para consumo humano, portanto, a soja apresenta-se sempre como um produto derivado. O *edamame*, uma soja não-madura cozida nas vagens com água e sal, é a única soja sem processamento consumida em larga escala.

Existem diversos produtos de soja, desde os mais tradicionais, como *tofu*, missô e *shoyu*, passando pelo popularíssimo óleo de cozinha e pelo crescentemente popular leite de soja, até derivados menos conhecidos, como o *tempeh*, o *kinako* e a *okara*.

Os produtos fermentados tradicionais: missô, *shoyu* e *tempeh*

Na China, os primeiros produtos de soja fermentados surgiram na dinastia Han (de 202 a.C. a 220 d.C.), que promoveu diversas inovações agrícolas por meio de projetos de irrigação, assistência técnica e desenvolvimento de novas culturas.

15 Os cultivares de sabor suave (BRS213, da Embrapa) dispensam esse tratamento térmico.

A importância da soja nessa dinastia é atestada por algumas descobertas arqueológicas. Na tumba de uma mulher falecida em 168 a.C., foram encontrados, além dos alimentos para sustentá-la na vida além-mundo (os cinco grãos sagrados, aves domésticas, carnes, peixes e frutas), receitas e uma lista de temperos em que constam a soja integral fermentada (*shih*) e um tipo de pasta de soja fermentada (*jiang* ou *chiang*).

O *jiang* é o predecessor dos atuais missô e molho de soja. No século III a.C., a palavra era utilizada para se referir a qualquer produto salgado e fermentado. O *jiang* era constituído por soja cozida no vapor e misturada com vinho de arroz e sal, que fermentavam juntos. A pasta era empregada como condimento ou tempero.

O molho de soja, ou *shoyu*

Esse importante derivado da soja tem grande utilização na culinária asiática. Originalmente, era o líquido extraído do *jiang,* e seu surgimento também remonta à dinastia Han. Seu preparo era semelhante ao da pasta de soja, incluindo *koji* (pasta de arroz cozido inoculada com um fungo, o *Aspergillus oryzae*), trigo ou cevada, grãos de soja aferventados e sal. Essa mistura fermentava em grandes tonéis, sendo mexida periodicamente. Depois de alguns meses os sólidos eram comprimidos, e o líquido, decantado sob a forma de um molho de soja leve e delicado. Os sólidos também podiam ser reidratados e fermentados muitas outras vezes, adquirindo tons menos escuros.

O *missô*

No Japão, os derivados da soja foram introduzidos na China, na mesma época da introdução do budismo, o século VI. Desde o século VII, os pratos à base de carne de animais de quatro patas foram quase banidos da dieta japonesa. Então, as fontes de proteína à base de vegetais para suplementar o peixe, assim como os temperos de soja tornaram-se os alimentos mais importantes. O *hishio*, um tipo de pasta de soja, já era usado nessa época. Desenvolveu-se sob a forma tanto de pasta de missô como de molhos de soja: o *tamari*, um líquido drenado do missô e sem trigo, e o *shoyu*, que contém trigo.

O missô era empregado como condimento universal, apresentando diversas variedades, desde as pastas mais escuras, fortes e salgadas, até as mais leves e adocicadas. Em geral, o missô era preparado a partir do *koji*, acrescido de soja cozida, água e sal. A mistura era submetida à fermentação por até dois anos. Desenvolveu-se uma competência para avaliar o missô tão sofisticada quanto a utilizada no Ocidente para julgar vinhos, levando em consideração as origens geográficas e o ano de produção do produto. As pastas de missô mais requintadas alcançam preços comparáveis ao dos vinhos mais valiosos.

No mundo ocidental, o uso mais familiar do missô é no *missoshiro* (a sopa de missô), que contém *tofu* e verduras. Surgida no período Kamakura (1185-1333), principalmente como alimento vegetariano para zen-budistas, depois se popularizou.

Atualmente, há diversos tipos de missô; por exemplo, o *shiromisso* é avermelhado e suave, ideal para a sopa, enquanto o *akamisso* é mais escuro e salgado. A medicina natural considera o missô um ótimo desintoxicante, capaz de reconstituir a flora intestinal.

A tradição japonesa e o *umame*

O *shoyu* japonês também remonta a esse período. Pela tradição, desenvolveu-se de um missô denominado *kinjanzi*, em homenagem ao templo zen-budista chinês onde foi desenvolvido, no século XIII. Ali, descobriu-se que o líquido extraído do missô produzia um condimento excelente, chamado *tamari* ou *murasaki*, que significa "púrpura".

A palavra *shoyu* consta em um escrito de 1559, mas provavelmente já era usada, assim como o produto, há muito mais tempo. O molho de soja é frequentemente citado no *Ogusa Ryori-Sho*, livro de receitas escrito mais ou menos na mesma época, em Kyoto. A partir daí, começou a ser produzido comercialmente e seu emprego se disseminou no período Edo (1660-1887), passando a ser associado ao alimento mais representativo da culinária japonesa: o *sushi*.

No Japão, o *shoyu* tornou-se o condimento ideal, por realçar o sabor do alimento sem encobri-lo acrescentando uma complexidade sutil quando utilizado sem exagero. Nos últimos anos, esse princípio de realce do sabor chegou a ser proposto como o quinto sabor, ou *umame* – ao lado dos quatro sabores tradicionais: amargo, azedo ou ácido, salgado e doce. *Umame* ganhou grande destaque, sendo encontrado, por exemplo, nos glutamatos naturais dos cogumelos, da alga *kombu* e da soja fermentada.

A Higeta e a Yamasa, empresas japonesas que fabricam molho de soja, foram criadas em 1616 e 1646, respectivamente, e ainda estão em atividade, em Choshi, ao leste de Tóquio. Também nessa época, aproximadamente, a farinha de trigo torrada foi adicionada na formulação, acentuando o sabor e a cor do molho. Em 1661, a família que deu origem à empresa Kikkoman começou a produzir *shoyu*, em Noda. Ao mesmo tempo, o produto começou a ser levado à Europa por mercadores holandeses; a primeira menção do *shoyu* em língua inglesa conhecida hoje é de 1679, pelo filósofo John Locke.

Natto

Outro produto derivado da soja que se tornou popular no Japão nessa época foi o *natto*. De origens obscuras, com textura pegajosa e pastosa, apresenta sabor complexo, surpreendentemente suave e não salgado, podendo ser utilizado no missoshiro, com verduras ou para acompanhar o arroz. Entre os produtos fermentados da soja, o *natto* é o único feito a partir da bactéria *Bacillus natto* em vez de um fungo, distinguindo-se do *hama-natto*, fermentado com *koji*.

Tempeh

O *tempeh*, outra forma de soja fermentada, teve origem na Indonésia, provavelmente na ilha de Java. A soja foi introduzida no arquipélago indonésio há cerca de mil anos, e o *tempeh* pode ter surgido nessa mesma época, ainda que os registros escritos datem apenas de alguns séculos. É um alimento feito a partir de grãos de soja descascados, rapidamente cozidos e inoculados com o fungo *Rhisopus oligosporus*. Na fermentação, os grãos, que são enrolados em folhas da bananeira por cerca de dois dias, se decompõem, resultando em um bolo sólido, que depois é fatiado e consumido ao natural, frito ou cozido no vapor. Ao contrário do *tofu*, o *tempeh* é muito denso e ligeiramente granuloso, com sabor que lembra o do toucinho defumado.

Com cerca de 20% de proteínas, compara-se em termos nutricionais à carne bovina, sendo também uma das poucas fontes vegetais de vitamina B12. Na Indonésia, a popularidade do *tempeh* se explica, por um lado, por sua textura e sabor atraentes, e por outro, pela quantidade de proteínas, alimentando um dos lugares mais densamente povoados do planeta, onde criar animais em grande escala para alimentação é impossível. A fermentação, como em relação a produtos afins, diminui a ação dos inibidores tripsínicos e dos oligossacarídeos, agentes que podem causar flatulência.

No Ocidente

A utilização da soja na alimentação humana no mundo ocidental só começou a ganhar alguma importância em meados do século XIX, por influência do movimento vegetariano, organizado formalmente na Grã-Bretanha e nos Estados Unidos nessa época.

Entre os pioneiros do movimento, destacava-se Ellen G. White, de Nova York, fundadora da Igreja Adventista do Sétimo Dia. A partir de uma visão de White, em 1863, sua igreja adotou o princípio da proibição do tabaco, do álcool e da carne. Poucos anos depois, isso levou a criação de um sanatório em Battle Creek, em Michigan, onde, entre outras atividades, buscava-se alternativas alimentares à carne. Esse sanatório e outros similares floresceram no começo do século XX, especialmente sob a direção de John Harvey Kellogg, mais conhecido como o inventor de diversas refeições matinais à base de cereais, comercializadas por seu irmão, William Keith.

Em 1917, John Harvey interessou-se pela soja e pelos derivados da soja, considerando-os os alimentos ideais para diabéticos. Em 1921, depois da leitura de algumas obras sobre o papel da soja na dieta asiática, ele escreveu *The New Dietetics (A nova dietética)*, onde começou a promover o *tofu*, o leite de soja, o *shoyu* e o broto de soja como alternativas altamente proteicas à carne. Kellogg também manteve uma correspondência com William Morse, o mais importante divulgador da soja dessa época, que tinha conhecimento direto das dietas asiáticas. Porém, por diversos motivos, os produtos derivados da soja não foram aceitos, mesmo entre os vegetarianos, exceto o molho de soja.

Um desses motivos está ligado à forte preocupação da cultura norte-americana com a higiene e a tecnologia dos alimentos. Mesmo para os vegetarianos, um grupo tão interessado em alimentos naturais e saudáveis, isso não era sinônimo de alimentos não processados ou integrais. Assim, quando os produtos de soja foram finalmente lançados no mercado, eles não foram comercializados sob a forma tradicional de *tofu* ou missô, por exemplo. Surgiram produtos com nomes "modernos" e sonoros, como Kumyzoon, um leite de soja tratado com *Lactobacillus acidophilus*, e Protose, uma "carne" de soja em lata.

No entanto, isso também não deu bons resultados, pois havia um outro forte motivo: o preconceito em adotar hábitos alimentares associados aos povos asiáticos. Como afirmam Sara Bosse e Onoto Watanna (aparentemente um pseudônimo):

> Quando os ocidentais souberem como são simples e limpos os ingredientes usados para preparar esses pratos orientais, eles vão deixar de sentir a repugnância natural que os assalta quando estão prestes a experimentar um prato estranho de um lugar novo e exótico.[16]

De fato, a atitude em relação aos alimentos à base de soja tradicionalmente processados somente mudou depois que os consumidores do mundo ocidental começaram a compreender melhor a culinária chinesa e japonesa, que o preconceito contra os povos asiáticos passou a ser condenado e que alimentos naturais tornaram-se sinônimo de alimento minimamente adulterado.

COMPOSIÇÃO DOS FERMENTADOS DE SOJA

Produto	*Missô*	*Shoyu*	*Tempeh*
Água (%)	41,5	71,1	55
Proteína (%)	13	5,7	20,8
Lipídios (%)	6,1	0,1	7,7
Carboidratos (%)	28	8,5	17
Fibra bruta (%)	2,5	0	3
Valor calórico (kcal)	206	53	199

16 Sara Bosse & Onoto Watanna, *Chinese-Japanese Cook Book* (Chicago: Rand McNally, 1914), p. 157.

Os outros derivados da soja

O *tofu*

Também surgido na China, durante a dinastia Han, o *tofu* teve sua invenção atribuída a Liu An, que era neto do fundador da dinastia Han e viveu entre 179 e 122 a.C. Provavelmente, a descoberta foi um acidente, em uma experiência de conservação do leite de soja, que, na época, era feito simplesmente pela pulverização dos grãos na água. A adição de sal marinho no leite causou a coagulação do líquido. Depois, os sólidos foram separados do líquido e prensados, como na fabricação do queijo. Outros atribuem a invenção ao contato com as culturas mongol e indiana, que já sabiam como coagular o leite em diversos produtos parecidos com queijo. Atualmente, os coagulantes preferidos são a gipsita (sulfato de cálcio hidratado) ou o *nigari* (em japonês, que é cloreto de magnésio junto com outros minerais refinados do sal marinho).

É um queijo de textura quebradiça com sabor neutro e insípido, mas por ser bastante poroso absorve temperos com muita facilidade. Na culinária japonesa, é temperado com *shoyu* e gengibre ralado. Pode também ser servido frito, marinado, assado ou cozido ao vapor.

Na China, no século XVI, ou antes, inventou-se o *sofu*, também chamado de "*tofu* malcheiroso". O *sofu* constitui-se de *tofu* com esporos fúngicos inoculados, que depois passam pelo processo de fermentação. Compara-se em textura e sabor ao queijo *camembert*. Afirma-se que era o alimento favorito de Mao Tse-Tung, líder da revolução socialista chinesa e primeiro presidente da República Popular da China.

Os três tipos de óleo de soja

Mediante extração mecânica ou por solvente (hexano), podem ser produzidos três tipos de óleo de soja: bruto, refinado comestível e refinado industrial. O óleo refinado comestível é o óleo vegetal mais consumido no Brasil e em todo o mundo. De cor levemente amarelada, é rico em ácidos graxos mono e poli-insaturados, pobre em ácidos graxos saturados e isento de colesterol. Seu sabor neutro torna-o ideal para cozinhar, realçando o sabor dos alimentos. Em razão de sua tolerância a temperaturas elevadas (até 225 °C), permite a fritura dos alimentos em altas temperaturas.

O óleo de soja bruto gera diversos subprodutos, como o farelo para consumo animal, a lecitina, a farinha desengordurada e os concentrados proteicos para consumo humano.

O leite ou extrato de soja e os sucos de fruta

Nos últimos anos, o leite de soja tornou-se um dos derivados de soja mais populares. Para sua obtenção, os grãos devem primeiro passar por um choque térmico: são colocados em água fervente e cozidos por mais cinco minutos após a nova fervura. Depois, a água é eliminada e os grãos são lavados em água fria corrente. Esse procedimento é necessário para desativar as lipoxigenases, as enzimas que podem dar ao leite um gosto desagradável. O tratamento térmico não prejudica a qualidade das proteínas nem tampouco causa outras perdas nutricionais à soja.

Em seguida, os grãos são triturados em um liquidificador ou processador industrial, e a massa produzida é cozida por mais 30 minutos, esfriada, prensada e filtrada. O líquido obtido é chamado de "extrato" ou leite de soja. O resíduo sólido, rico em fibras, designa-se *okara*.

O leite de soja é rico em ácidos graxos essenciais (mono e poli-insaturados), lecitina e ferro. Além disso, é isento de colesterol e lactose, com baixo teor de sódio, sendo indicado para pessoas que sofrem de hipertensão. Carece de quantidade suficiente de cálcio, motivo pelo qual deve ser enriquecido com esse mineral ou preparado com frutas e legumes.

O leite de soja também pode ser transformado em diversos outros derivados, como leite aromatizado, leite em pó, leite condensado, creme de leite, sorvete, maionese, manteiga e iogurte.

Sucos de frutas à base de soja são produzidos a partir de extrato ou leite de soja com a adição de sucos naturais concentrados e aditivos. Embalados em caixas do tipo Tetra Pak ou sacos plásticos, apresentam sabores como laranja, abacaxi, maracujá, maçã, etc.

A lecitina

Em forma concentrada a lecitina é extraída a vapor do óleo de soja bruto. Em geral, é comercializada como alimento sob a forma de pasta viscosa, de cor marrom, com gosto e odor marcantes. Também é apresentada em cápsulas de 500 mg a 1.200 mg.

Na indústria alimentícia, a lecitina é utilizada como agente emulsificante em produtos de panificação, como agente ativo de superfície no revestimento de chocolates, como agente contra salpicamento na fabricação de margarina, e como agente estabilizador em gorduras.

As farinhas de soja

Os três tipos de farinha que a soja produz são: a farinha desengordurada de soja, a farinha de soja integral e o *kinako*.

A farinha desengordurada é um subproduto da indústria de extração do óleo de soja. Em relação aos outros dois tipos de farinha, possui maior quantidade de proteína e apresenta vida de prateleira mais longa, por estar isenta da fração oleosa. É adicionada a alimentos à base de farinha de trigo e milho ou outros cereais para enriquecer seu valor proteico e nutricional.

A farinha de soja integral obtém-se após a secagem e a torra de grãos de soja tratados termicamente (fervura de 5 minutos e choque em água fria). O *kinako* também é uma farinha de soja integral, porém obtido pela torra direta dos grãos *in natura* e pela posterior moagem. Pode ser misturado ao leite, ao iogurte, às frutas picadas, aos sucos e vitaminas. Tanto a farinha de soja integral quanto o *kinako* podem ser utilizados no preparo de pães, bolos, bolachas, tortas e outros.

As farinhas de soja integral preservam em sua composição as proteínas, a gordura nutricional, a lecitina, as fibras, as isoflavonas, os fitosteróis e todos os outros micronutrientes que resistiram ao calor da torra. No entanto, apresentam uma vida de prateleira curta, pois sua fração oleosa, rica em ácidos graxos poli-insaturados, pode rapidamente se tornar rançosa.

Os concentrados proteicos de soja

Derivados dos flocos de soja desengordurados, os concentrados proteicos são um subproduto da extração do óleo de soja bruto. Esses flocos, concentrados em proteínas, constituem a base dos três principais produtos proteicos da soja: a proteína texturizada de soja (PTS), também conhecida como carne de soja ou *seitan*; a proteína concentrada de soja; e a proteína isolada de soja, que apresentam respectivamente 52%, 65% e de 80% a 90% de proteína.

Esses derivados não podem ser produzidos domesticamente, pois são o resultado de processos industriais de extrusão termoplástica e extração com solventes. Eles são empregados na indústria alimentícia como substitutos ou enriquecedores proteicos.

A proteína texturizada de soja é oferecida em grãos ou pedaços maiores; com uma estrutura alinhada e fibrosa, resulta em um produto alimentício de textura similar à carne. Depois de corretamente hidratada, apresenta cor semelhante à da carne. O consumo de 50 gramas de PTS equivale em termos proteicos ao de um bife pequeno.

As outras duas proteínas de soja, a concentrada e a isolada, são oferecidas ao consumidor sob a forma de pó, já isentos dos resíduos do processo industrial. Muitos produtos já se apresentam aditivados com vitaminas e sais minerais, sendo denominados leite de soja ou suplemento alimentar, para fortalecimento e ganho de massa muscular.

A *okara*

É o resíduo ou polpa restante do processo de obtenção do leite de soja. Muito rico em fibras, principalmente insolúveis, pode ser utilizado no preparo de diversos pratos, como farofa, farinha de fibras ou ingrediente de bolos, tortas e biscoitos.

O *edamame*, ou soja tipo hortaliça

São grãos de soja já totalmente desenvolvidos mas ainda não amadurecidos. Os grãos verdes são cozidos nas próprias vagens com água e sal.

O *edamame* já é muito popular no Japão e no Havaí, e sua popularidade cresce cada vez mais nos Estados Unidos. É comercializado como petisco para pessoas preocupadas com a saúde e a boa forma.

Equipamentos ligados aos produtos à base de soja no Brasil

A indústria brasileira fornece diversos equipamentos para a produção de derivados de soja. Entre eles, incluem-se:

- equipamentos para produção de PTS, petiscos, soja frita e rações animais;
- filtros-prensa e miniprensas para extração mecânica de óleos vegetais;
- equipamentos para produção de extrato solúvel de soja.

No Brasil, a oferta de produtos alimentícios à base de soja para consumo humano é muito diversificada. Entre eles, destacam-se:

- óleo de soja refinado;
- leite de soja em pó solúvel, nas versões integral e desengordurado;
- leite condensado de soja;
- creme de leite de soja;
- extrato líquido com adição de sucos naturais de fruta;
- proteína texturizada de soja;
- PTS, sob a forma de hambúrguer, almôndega, quibe, empanados e molhos;
- proteína isolada de soja;
- proteína concentrada de soja;
- lecitinas de soja;
- fórmulas infantis à base de proteína isolada de soja;

- molho de soja (*shoyu*), em diferentes versões;
- pasta fermentada de soja (missô);
- sopa de missô desidratada para preparo instantâneo;
- queijo de soja (*tofu*);
- farinha integral de soja torrada tipo *kinako*;
- farinha de soja tostada inativa clara para panificação;
- farinha de soja micronizada com diferentes teores de umidade;
- farinha de soja orgânica;
- pães, doces, bolos, salgadinhos, barras com cereais, fibras, balas e bolachas;
- grãos de soja descascados.

Tendências da soja na alimentação humana

A preocupação com o consumo de gordura trans, presente nos óleos hidrogenados vegetais, principalmente no óleo de soja, cresceu muito nos últimos anos. A hidrogenação é adotada para reduzir a oxidação provocada pelo ácido linoleico que existe no grão de soja – procedimento que, no entanto, gera a gordura trans.

Quando a quantidade de gordura trans passou a ser informada no rótulo dos alimentos, por determinação de 2006 do Departamento de Agricultura dos Estados Unidos, a indústria foi forçada a promover modificações e buscar novas alternativas. Em 2005, a Monsanto já havia lançado no mercado norte-americano a Vistive, uma semente de soja desenvolvida através de melhoramento genético clássico, com menor teor de ácido linoleico, capaz de diminuir a menor quantidade de gordura trans gerada no processamento. Dessa maneira, a Cargill, a Asoya e a Pioneer, três gigantes do setor agroindustrial, começaram a produzir óleo de soja à base da semente Vistive. Atualmente novas variedades de sementes, agora geneticamente modificadas, com maior teor de ômega-3 ou tolerantes a seca, estão sendo pesquisadas em laboratórios e campos experimentais da Monsanto, nos Estados Unidos.

Esse novo tipo de óleo refinado, mais saudável, é um indicativo das tendências e mudanças futuras em relação à soja. Se essas inovações são consequência da preocupação com uma alimentação mais saudável ainda não é um fenômeno muito claro. O evidente é que as pesquisas procuram novos usos para a soja e sua crescente produção em todo o mundo. Afinal, o agronegócio pode obter um lucro muito maior com alimentos à base de soja para consumo humano do que com rações para animais. Mesmo que isso signifique promover a comercialização de um produto geneticamente modificado e altamente processado, no qual os nutrientes foram degradados.

Certamente, a indústria alimentícia desenvolverá novos produtos derivados de soja. Alguns fracassarão, como um óleo recentemente testado nos Estados Unidos, que recebeu a adição de genes de alga para aumentar a quantidade de ácidos graxos ômega 3, benéficos para o coração – porque o óleo adquiriu um gosto de peixe que impossibilitou sua comercialização. Provavelmente, existem diversos outros exemplos que nunca deixaram os laboratórios de pesquisa. No entanto, alguns produtos serão bem-sucedidos e, nos próximos anos, se as tendências atuais representam uma indicação, vamos consumir quantidades cada vez maiores de soja.

Os usos industriais da soja e de seus derivados

O óleo de soja bruto dá origem ao óleo de soja refinado industrial e à lecitina, produtos de grande e diversificada utilização na indústria.

A lecitina de soja é empregada como agente estabilizante tanto na indústria de alimentos, para a produção de sorvetes, salsichas, maioneses, achocolatados e outros produtos, como para a fabricação de cosméticos, medicamentos, tintas, pigmentos, têxteis, inseticidas, plásticos e sabões.

O óleo de soja refinado industrial é empregado em desinfetantes, inseticidas, tintas para impressão, revestimentos e plastificadores, entre outros produtos.

Os produtos cosméticos merecem menção à parte. Diversos laboratórios, como Clarins, Sisley, Phytoervas, Lancôme, Natura e Johnson & Johnson, estão produzindo xampus, cremes revitalizantes, cremes anti-idade, cremes de limpeza facial e loções de combate a flacidez, celulite e estria formulados com ativos à base de soja. Embora não exista comprovação científica a respeito da eficiência da soja nos tratamentos estéticos, pesquisas desenvolvidas nos laboratórios indicam que diversos compostos do grão são capazes de estimular a produção de colágeno e elastina, fibras responsáveis pela elasticidade e firmeza da pele e vitalidade dos fios capilares.

A soja como fonte de biodiesel

Atualmente a soja também começa a ser usada como fonte alternativa de combustível, sob a forma de biodiesel. Obtido a partir de óleos vegetais, o biodiesel é biodegradável e deriva de fontes renováveis, contrapondo-se ao diesel do petróleo, de origem fóssil, que não é renovável. O biodiesel é considerado "carbono neutro", isto é, sua obtenção e queima não contribuem para o aumento da emissão de dióxido de carbono.

Entre as dezenas de espécies vegetais oleaginosas indicadas para a produção do biodiesel, destacam-se a soja, o girassol, o dendê (palma) e a mamona. A soja apresenta a vantagem da escala de produção e da tecnologia de cultivo. No entanto, perde em termos de quantidade de óleo da semente e pelo fato de, quando esmagada, produzir grande quantidade de farelo, criando um problema sério para uma indústria de biodiesel.

A soja e a saúde

A soja na medicina tradicional chinesa

A criação da medicina chinesa é atribuída a Huang-Ti, o Imperador Amarelo, um dos imperadores celestiais do terceiro milênio a.C. Sua obra *Nei Ching* constitui a base de uma das tradições médicas mais antigas da humanidade. Esse clássico da literatura médica influenciou profundamente as ideias em torno do consumo dos grãos na China. No sistema proposto por Huang-Ti, o corpo é diretamente influenciado por forças externas, como o vento, o frio, o calor, a umidade, etc. Somos considerados o microcosmo de um universo maior, regido pelas mesmas forças contrárias: *yin* e *yang*.

A dieta representa um dos alicerces da medicina chinesa, pois os alimentos influenciam a saúde física e mental. Em geral, os alimentos *yin* são consumidos para se contrapor aos desarranjos *yang*, e vice-versa. O clima, as emoções, os exercícios físicos, a qualidade do sono e diversas outras variáveis também são levados em consideração pelos médicos chineses.

Nesse sistema, os grãos de soja não são incluídos mesma categoria. Os grãos pretos são um alimento *yang*, que denota calor, portanto são empregados para desarranjos *yin*, como resfriados e doenças semelhantes. Diversos medicamentos foram fabricados a partir de grãos pretos de soja, e a medicina moderna confirma alguns dos seus usos.

Os grãos brancos ou amarelos, por outro lado, são considerados frios, ou *yin*, e ocasionalmente neutros. A maneira pela qual são processados também influencia o efeito somático. Os médicos da dinastia Tang consideravam os grãos torrados muito quentes, e os grãos cozidos perigosamente frios. Quando fermentados como *shih*, também eram frios. Apenas como *jiang* eram equilibrados e apropriados para a saúde. Portanto, a teoria médica fomentou a utilização dos produtos fermentados em vez dos simplesmente cozidos.

Embora os médicos chineses de então não descrevessem a questão nesses termos, a fermentação neutraliza os fatores antinutricionais existentes na soja. A soja crua contém inibidores de tripsina, que impedem o pâncreas de produzir uma enzima digestiva importante na transformação das proteínas. A soja crua, ou inadequadamente cozida, também causa a dilatação do pâncreas, inibindo o crescimento físico e podendo gerar tumores cancerosos. O ácido fítico existente na soja impede a absorção de ferro e zinco, necessários para o funcionamento satisfatório do sistema nervoso. Ou seja, a soja fermentada, além de ser mais saborosa, também gera uma variedade de alimentos mais nutritivos.

Na atualidade: a soja como alimento funcional

A soja, por ser rica em proteínas e ter em sua composição ácidos graxos poli-insaturados, compostos fitoquímicos (isoflavonas, saponinas, fitatos, etc.), fibras e elementos minerais (cálcio, fósforo, ferro e zinco), é incluída entre os alimentos funcionais. Isso significa que, se for consumida na quantidade indicada e pelo tempo necessário, além de nutrir, a soja previne algumas doenças crônicas e degenerativas, ou reduz significativamente os riscos para tais doenças.

Consumo diário e ação preventiva

O potencial terapêutico da soja na prevenção de doenças cardiovasculares é reconhecido com base em diversos estudos científicos desde 1999 pelo Food and Drug Administration (FDA), órgão do governo dos Estados Unidos que regulamenta a produção e a comercialização de alimentos e medicamentos, e também pela Agência Nacional de Vigilância Sanitária (Anvisa), criada no mesmo ano. Esses órgãos sancionam o consumo diário de 25 gramas de proteína de soja, correspondente a 60 gramas de grãos de soja, para o controle dos níveis de colesterol e triglicérides, reduzindo os riscos de enfarto, trombose, aterosclerose e acidentes vasculares cerebrais. Os efeitos podem ser obtidos em três ou quatro semanas.

Verificou-se que as isoflavonas presentes na soja – a genistina, a glicitina e a daidzina – são substâncias fitoestrogênicas, ou seja, têm ação muito similar ao estrógeno (hormônio feminino); assim, reduzem os riscos dos cânceres de mama, colo de útero e próstata, previnem a osteoporose e as doenças cardiovasculares, e aliviam os sintomas indesejáveis da menopausa.

A soja e o câncer

Diversas pesquisas científicas concluíram que o consumo regular de alimentos à base de soja pode ajudar na prevenção de vários tipos de câncer. As isoflavonas, como vimos, são os principais compostos da soja capazes de prevenir o desenvolvimento dos cânceres de mama, colo de útero, pulmão, próstata, cólon e pele.

Esses fitoestrógenos estão presentes em quantidades significativas na soja e em seus derivados, como o *kinako* e a proteína texturizada da soja. Apresentam melhor desempenho quando integrados à proteína e aos demais componentes da soja, por isso não se recomenda a ingestão das onerosas cápsulas com isoflavonas isoladas e concentradas.

Além das isoflavonas, outras substâncias presentes nos grãos de soja, como as fibras, os oligossacarídeos, os inibidores de protease e as saponinas, ajudam na prevenção e controle de alguns tipos de câncer.

A soja e o colesterol

Os estudos realizados nos Estados Unidos, na Europa e no Japão revelaram que as proteínas de origem vegetal são mais benéficas à saúde do que as de origem animal, reduzindo o colesterol total e o LDL (*low density lipoprotein*, ou lipoproteína de baixa densidade), conhecido como colesterol "ruim". O consumo diário de 25 gramas de proteína de soja, como recomendado pelo FDA, pode reduzir em até 30% os níveis de LDL, e, simultaneamente, estimular a produção do HDL (*high density lipoprotein*, lipoproteína de alta densidade), o colesterol "bom".

Os ácidos graxos mono e poli-insaturados e a lecitina existentes nos grãos de soja também tornam mais flexíveis e desobstruem as artérias, veias e vasos, prevenindo a arteriosclerose e a trombose.

A soja, a menopausa e a tensão pré-menstrual

A menopausa e a tensão pré-menstrual (TPM) são manifestações de alterações hormonais ligadas principalmente à quantidade de estrógeno no sangue, que se manifestam com suores noturnos, ondas de calor, ressecamento da pele, ressecamento vaginal, insônia, dores de cabeça, queda de cabelos, irritação, ansiedade e depressão.

Algumas pesquisas recentes indicam que os alimentos derivados de soja podem reduzir tais incômodos. De acordo com certos estudos, as mulheres que consumiram meio copo de farinha de soja (*kinako*) por dia, o equivalente a 25 gramas de proteína, apresentaram significativa redução nos sintomas associados à menopausa.

A soja e a osteoporose

O osteoporose caracteriza-se por perda de massa e resistência dos ossos. Os ossos tornam-se porosos e ficam sujeitos a fraturas. As mulheres na pós-menopausa são as principais vítimas da osteoporose. Estudos científicos constataram que as mulheres que consumiam soja regularmente apresentavam aumento na densidade óssea da coluna vertebral. Além disso, outros estudos concluíram que os isoflavonoides da soja desempenham papel importante na manutenção da saúde dos ossos.

Questionamento dos benefícios e discussões dos riscos associados ao consumo da soja

Para o pesquisador neozelandês Mike Fitzpatrick, há um aumento excessivo do consumo de soja no mundo ocidental, já que a leguminosa está presente em diversos produtos alimentícios industrializados, como cereais, molhos e sobremesas. Segundo ele, mais de 60% dos alimentos processados no Reino Unido contêm soja.

O consumo exagerado da soja pode ter efeitos prejudiciais à saúde. De acordo com especialistas, a ingestão diária acima de 50 microgramas de isoflavona (o equivalente a 200 gramas de *tofu*, 500 mililitros de leite de soja ou menos de 50 gramas de grão torrado) pode interferir no funcionamento da tireoide, inibindo uma enzima importante para a produção do hormônio.

Além disso, as pessoas que apresentam dificuldade de absorver nutrientes também podem enfrentar problemas com o consumo em excesso, já que os compostos antinutricionais da soja são inativados apenas parcialmente por meio do tratamento térmico ou da fermentação. Eles dificultam a absorção de minerais como ferro, zinco e cálcio.

Associações médicas inglesas, canadenses, francesas e neozelandesas recomendam cautela na alimentação de recém-nascidos com fórmulas infantis à base de soja, principalmente pela falta de estudos sobre a ação das isoflavonas em um sistema reprodutivo imaturo.

O efeito da soja sobre os incômodos associados à menopausa foi questionado pela Sociedade Brasileira de Endocrinologia e Metabologia (SBEM). Com a revisão de diversos estudos, a SBEM concluiu que a eficiência da soja é praticamente nula como alternativa à reposição hormonal.

A redução dos níveis do LDL, o colesterol "ruim", pelo consumo diário é inquestionável. No entanto, tal redução, mesmo para quem consome grande quantidade de soja, é muito pequena segundo artigo publicado em janeiro de 2006, na revista científica *Circulation*, da American Heart Association (AHA). O artigo também afirma que não se observou nenhum benefício em relação ao HDL, aos triglicérides e à pressão arterial. Além disso, também questiona a função preventiva com respeito a qualquer tipo de câncer.

Alimentos à base de soja já prontos à venda em lojas de produtos naturais e supermercados

Barras de cereais

Biscoitos, torradas, *cookies*

Bolo integral

Creme de leite de soja

Extrato de soja

Farinha de soja orgânica

Flocos de arroz cobertos com chocolate à base de soja

Hambúrguer de soja congelado

Iogurte de soja

Leite condensado de soja

Leite de soja

Macarrão tipo talharim com soja

Palitos crocantes (assados) de soja

Patê de *tofu*

Tempeh congelado

Tempeh marinado

Tofu fresco

Tofu seco

Proteína de soja texturizada

Quibe de soja assado

Sobremesa de soja

Sobremesa de chocolate de soja

Soja torrada (vários sabores)

Sorvete de soja (vários sabores)

Suco de fruta (vários sabores)

Meu testemunho

Comecei a usar leite de soja a conselho da minha médica, doutora Vânia Assaly. Primeiro experimentei o leite de soja tradicional *light* misturado com leite de vaca semidesnatado. Depois parti para um *cappuccino* com leite de soja. Cozinhei grão de soja e comi com uma salada comum, de folhas verdes, tomate, pepino e cenoura.

Para começar a acostumar o paladar com o gosto da soja, é bom de início introduzir a soja uma vez por semana, como um bife de carne de soja (proteína texturizada de soja, PTS) ou um pedaço de *tofu* temperado com azeite, orégano e *shoyu*. À noite, um iogurte de soja ou uma barra de cereais de soja com castanhas-do-pará ou chocolate. Talvez, à tarde, um suco de frutas à base de soja bem geladinho.

Para poder falar e conhecer mais sobre soja, experimentei quase tudo que já existe em lojas de produtos naturais ou em supermercados. E descobri que são necessários, diariamente, 25 gramas de soja. Se tomarmos, no café da manhã, 1 xícara de leite de soja, é possível chegar a essa quantidade comendo, à noite, ½ xícara de *tofu* refogado com espinafre.

Quando ainda não estava muito acostumada com os produtos à base de soja, especialmente a PTS, misturava em proporção 1 xícara de proteína e 1 ½ xícara de carne moída. Fiz muitas almôndegas com molho de tomate. Muita gente comeu e não se deu conta de que era carne de soja.

Tem um doce de fundo de alcachofras que faço da mesma maneira que se faz as castanhas (os marrons-glacês), sobremesa pela qual fui premiada em 1990. Experimentei fazer com grãos de soja. Na primeira vez não ficou bom porque não cozinhei bem os grãos de soja. Na segunda, ficou ótima. A receita está neste livro. Tenho certeza de que vocês vão gostar.

O doutor Henrique Pinotti, médico e amigo de muitos anos, recomendou que eu escrevesse sobre soja. Disse que minhas receitas fariam sucesso, pois fugiam do padrão estrogonofe e hambúrguer, que se encontra em todos os livros e revistas.

Mandei um e-mail para uma empresa do Rio de Janeiro que só produz *tempeh*, pois procurava saber mais sobre o produto. A diretora de lá me enviou o produto. Consegui fazer quatro receitas ótimas, pois o *tempeh* é o mais versátil dos fermentados de soja.

Hoje, há muitos produtos de soja. Muitas empresas estão colocando no comércio uma diversidade de produtos. O problema é saber qual é o melhor, porque há produtos para o café da manhã, para o almoço, para o lanche e para o jantar.

Em italiano, diria *L'im bazzo della scelta*, ou seja, "O maior problema é a escolha".

Receitas

Preparos

Carne de soja

(hidratação da proteína texturizada de soja, PTS)

Ingredientes

1 xícara (chá) de proteína de soja miúda

2 xícaras (chá) de água fervente

Modo de preparo

› Coloque a proteína de soja em um recipiente de vidro e cubra com a água fervente.

› Aguarde de 20 a 30 minutos para a proteína de soja absorver a água.

› Escorra em peneira e retire o excesso de água apertando com as mãos.

› Use em recheios como substituto de carne para hambúrguer, almôndega, molho bolonhesa, etc. Como sugestão, pode-se fazer a hidratação da proteína com caldo de carne ou de vegetal, pois fica mais gostosa.

Leite de soja

Ingredientes

1 xícara (chá) de feijão-de-soja amarelo
1 litro de água filtrada
1 colher (sopa) de mel
1 pedaço de canela ou a casca ralada de 1 limão

Modo de preparo

- Deixe o feijão de molho por 24 horas em água quente. Bata o feijão no liquidificador com 1 xícara (chá) de água.
- Coloque em uma panela antiaderente ou inox com mais 1 xícara (chá) de água. Espere que ferva e acrescente aos poucos toda a água restante.
- Deixe cozinhar de 30 a 40 minutos.
- Desde o começo, vá acrescentando ao leite pedaços de canela ou casca de limão. Por último, adicione mel; passe por uma peneira com um pano.
- Reserve na geladeira.
- Não despreze o que sobrar na peneira, pois servirá para acrescentar à massa de pão, bolachas, tortas, etc.

Maionese de soja

Ingredientes

1 xícara (chá) de leite de soja integral
½ cebola ralada
1 dente de alho ralado
sal a gosto
8 azeitonas picadas
óleo de soja ou de girassol
suco de 1 limão
cebolinha picada a gosto

Modo de preparo

› Coloque o leite, a cebola, o alho, o sal e a azeitona no liquidificador e vá acrescentando, aos poucos, o óleo.
› Bata até ficar em ponto de maionese.
› Retire do liquidificador e acrescente o suco de limão e a cebolinha.

Patê de *tofu*

Ingredientes

250 g de *tofu*
½ xícara (chá) de soja cozida
½ xícara (chá) de arroz integral cozido
1 colher (sopa) de cebolinha fresca
1 dente de alho
2 colheres (sopa) de vinagre de maçã
1 colher (sopa) de ervas aromáticas
1 colher (sopa) de *shoyu*
3 colheres (sopa) de óleo de girassol
sal e pimenta-do-reino moída na hora a gosto
torradas ou pão integral para servir

Modo de preparo

› Bata tudo no processador até obter uma massa homogênea e cremosa.

› Sirva sobre torradas ou pão integral.

Tofu

(queijo de soja), fresco ou defumado

Ingredientes

1 litro de leite de soja
1 colher (sopa) de vinagre

Modo de preparo

› Coloque o leite para ferver. Quando começar a ferver, adicione o vinagre e apague o fogo.

› Tampe e deixe descansar até que o leite talhe e forme o soro.

› Coe em uma peneira com um pano limpo para extrair bem o líquido. Com a retirada do líquido obtém-se um *tofu* cremoso ou consistente.

Entradas, sopas e saladas

Abacaxi surpresa

(4 pessoas)

Ingredientes

1 abacaxi maduro descascado

¼ de melão em cubos

¼ de melancia em cubos

12 azeitonas verdes sem caroço

12 azeitonas pretas sem caroço

1 xícara (chá) de queijo *roquefort* em cubos

1 xícara (chá) de queijo de soja *(tofu)* cortado em cubos

1 alho-porró (a parte branca) em pedaços

4 tomates-cereja

4 palitos compridos (tipo japonês)

maionese de soja para servir (ver receita na p. 89 ou 132)

Modo de preparo

› Coloque em cada palito as várias combinações: 1 cubo de fruta, 1 cubo de queijo, 1 azeitona.

› Espete em volta do abacaxi formando uma coroa para servir.

› Sirva com maionese de soja.

Alho-porró gratinado

(4 pessoas)

Ingredientes

4 alhos-porró
4 fatias de presunto cozido
4 fatias de queijo prato
2 xícaras (chá) de bechamel com leite de soja (ver receita na p. 130)
4 colheres (sopa) de queijo parmesão ralado

Modo de preparo

› Lave e corte ao meio, pelo comprimento, os alhos-porró, eliminando a parte verde. Cozinhe por 15 minutos, ou até que estejam macios.

› Escorra e enrole cada alho-porró com ½ fatia de presunto e ½ fatia de queijo.

› Disponha um pouco de bechamel no fundo de um pirex e por cima os alhos-porró, um ao lado do outro.

› Complete com o restante do bechamel por cima e salpique o queijo ralado.

› Leve ao forno para gratinar.

Bignè com creme de alcachofra

(6 pessoas)

Ingredientes

150 g de farinha
100 g de manteiga
5 ovos inteiros
1 pitada de sal
1 pitada de açúcar
½ litro de leite de soja
alface picada para servir

Recheio

4 fundos de alcachofra fervidos em água e suco de limão
3 fatias de *pancetta* picada
2 dentes de alho picado
2 colheres (sopa) de salsinha picada
½ cálice de vinho branco
½ xícara (chá) de azeite de oliva extravirgem
algumas colheres (sopa) de água quente e de leite de soja
sal e pimenta-do-reino moída na hora a gosto

Modo de preparo

› Numa panela antiaderente, ferva, em fogo baixo, o leite de soja com manteiga, sal e açúcar.

› Retire a panela do fogo e acrescente, de uma vez, toda a farinha.

› Leve ao fogo, mexendo até a massa desgrudar da panela e formar uma bola.

› Retire novamente do fogo e acrescente os ovos, um por vez, mexendo sempre. Não coloque os outros ovos sem que os anteriores tenham se misturado bem.

› Retire do fogo e distribua a massa, em montinhos bem distantes uns dos outros, em uma assadeira untada com manteiga e farinha.

› Se desejar, pincele a superfície com ovo batido para ficar dourada.

› Coloque no fogo médio por 15 a 20 minutos, ou até ficarem secos por dentro.

› Para o recheio, corte em cubinhos os fundos de alcachofra.

› Numa frigideira antiaderente, frite a *pancetta* e o alho no azeite.

› Acrescente o vinho e, depois de evaporar, coloque algumas colheres de água quente e leite de soja.

› Adicione sal, pimenta e salsinha.

› Tampe a panela para abafar e cozinhar mais as alcachofras.

› Macere com uma colher de pau para formar um creme de alcachofra.

› Quando esfriar, recheie os *bignè*, cortando lateralmente, sem chegar até o fim.

› Sirva sobre um leito de alface picada.

Coquetel de camarão

(4 pessoas)

Ingredientes

250 g de camarões médios limpos
folhas brancas de alface cortadas em *julienne*
2 ovos
maionese de soja (ver receita na p. 89 ou 132)

Modo de preparo

- Cozinhe os camarões no vapor.
- Prepare a base da maionese de soja e acrescente 2 ovos.
- Monte o coquetel, em taças (champanhe), com a *julienne* de alface e os camarões.
- Cubra tudo com a maionese.
- Enfeite com 2 camarões.
- Leve à geladeira para servir bem frio.

Ovo cozido com creme de soja

(4 pessoas)

Ingredientes

4 ovos cozidos

½ xícara (chá) de ricota peneirada ou *tofu* amassado

½ xícara (chá) de creme de leite de soja

1 xícara (chá) de carne de soja temperada (ver receita na p. 87)

2 colheres (sopa) de queijo parmesão ralado

2 colheres (sopa) de salsinha picada

sal a gosto

pimenta-do-reino moída na hora a gosto

folhas verdes para servir

Modo de preparo

› Corte os ovos pela metade, retire a gema e reserve as claras.

› Bata, no mixer, a carne de soja.

› Misture com a ricota e o creme de leite.

› Recheie, com essa mistura, as claras reservadas. Salpique salsinha e queijo ralado.

› Leve ao forno para gratinar.

› Sirva sobre folhas verdes.

Ovo *poché*

(2 pessoas)

Ingredientes

2 ovos
3 batatas
2 colheres (sopa) de manteiga
4 a 5 colheres (sopa) de iogurte de soja
1 colher (chá) de *shoyu*
folhas de hortelã picada
pimenta-do-reino moída na hora a gosto
sal, se necessário
folhas de hortelã para decorar

Modo de preparo

› Cozinhe as batatas *al dente* com uma pitadinha de sal. Rale no ralador grosso e divida em porções para 2 pessoas.

› Misture ou bata o iogurte com as folhas de hortelã.

› Coloque um montinho de batata ralada em uma frigideira pequena antiaderente e achate-o com a espátula. Deixe dourar dos dois lados e reserve.

› Coloque na mesma frigideira água, sal, manteiga e algumas folhas de hortelã. Quando a água estiver quente, coloque o ovo para cozinhar, com a tampa por cima da gema.

› Adicione *shoyu*.

› Arrume, em um prato de servir, a batata e depois o ovo. Cubra com o iogurte misturado ou batido com folhas de hortelã.

› Decore com folhas de hortelã.

Patê de feijão-de-soja vermelho *(azuki)*

(4 pessoas)

Ingredientes

1 xícara (chá) de feijão-de-soja vermelho (*azuki*) cozido (ver receita na p. 131)
1 colher (sopa) de gergelim torrado
4 colheres (sopa) de azeite de oliva extravirgem
2 dentes de alho
sal e pimenta-do-reino moída na hora a gosto
fatias de pão integral para servir

Modo de preparo

› Bata no liquidificador o feijão escorrido, com alho, gergelim, sal e pimenta.
› Junte, aos poucos, o azeite.
› Sirva com fatias de pão integral.

Patê de verduras cruas *(crudité)*

(6 pessoas)

Ingredientes

1 berinjela média
1 pimentão vermelho
2 dentes de alho
1 pote de iogurte de soja
1 ramo de alecrim
sal e pimenta-do-reino moída na hora a gosto

Crudité

Salsão, cenoura e pepino em tiras finas.

Modo de preparo

› Asse a berinjela no forno até a pele ficar seca.
› Corte ao meio e retire a polpa. Deixe esfriar.
› Corte o pimentão retirando as sementes. Bata no processador a berinjela, o pimentão, o alho, o iogurte, o alecrim, o sal e a pimenta-do-reino.
› Coloque o patê em um recipiente e sirva as verduras separadamente.

Salada caprichosa

(4 pessoas)

Ingredientes

1 xícara (chá) de vagem

1 xícara (chá) de feijão-de-soja vermelho *(azuki)* cozido (ver receita na p. 131)

1 xícara (chá) de lula em rodelas

2 cenouras em rodelas

1 dente de alho

½ cebola

2 ramos de salsinha picada

folhas de salsinha para decorar

folhas verdes para servir

Molho *citronette*

½ xícara (chá) de azeite de oliva extravirgem

suco de 1 limão

4 a 5 colheres (sopa) de água filtrada

sal e pimenta-do-reino moída na hora a gosto

Modo de preparo

› Cozinhe no vapor a cenoura e a vagem.

› Cozinhe por alguns minutos as lulas na água filtrada, com o alho, a cebola e 1 ramo de salsinha.

› Prepare o molho batendo todos os ingredientes.

› Misture o feijão-de-soja, a vagem, a cenoura, as lulas e, por cima, o molho *citronette*.

› Misture bem, coloque algumas folhas verdes em um prato e disponha a salada por cima.

› Decore com folhas de salsinha.

Salada de camarão à moda chinesa

(6 pessoas)

Ingredientes

500 g de camarão-rosa limpo
3 abobrinhas pequenas em tiras finas
150 g de macarrão (chinês) de soja
100 g de broto de feijão-de-soja
3 fatias de palmito pupunha
2 colheres (sopa) de amendoim
1 colher (sopa) de *shoyu*
1 cálice de vinho branco (opcional)
1 colher (sopa) de vinagre
1 ramo de coentro
8 colheres (sopa) de azeite de oliva extravirgem
pimenta-do-reino moída na hora a gosto
sal, se necessário
shoyu a gosto para temperar

Modo de preparo

› Frite rapidamente as abobrinhas com um pouco de azeite em uma frigideira antiaderente. Reserve.

› Lave e corte em rodelas o palmito. Reserve.

› Escalde em água bem quente os brotos de feijão e, depois, esfrie na água com gelo. Reserve.

› Cozinhe os camarões no vapor, na água com *shoyu*, vinho branco e vinagre. Reserve.

› Cozinhe o macarrão em água fervente e com sal. Deixe ferver por 3 minutos e, depois, escorra. Corte em pedaços com uma tesoura.

› Numa travessa de servir, coloque o macarrão, os amendoins, algumas folhas de coentro, os camarões, o *shoyu*, a pimenta-do-reino e o sal, se necessário. Misture tudo e, por último, coloque as fatias de palmito e as abobrinhas.

› Decore com folhas de coentro.

Salada de peixe e feijão-de-soja

(4 pessoas)

Ingredientes

1 maço de rúcula
1 maço de agrião
1 erva-doce com a parte verde
500 g de vôngole com as conchas
1 xícara (chá) de feijão-de-soja cozido
4 filés de pescada
2 dentes de alho picados
2 dentes de cravo-da-índia (opcional)
suco de 1 limão
1 cálice de vinho branco
2 colheres (sopa) de salsinha picada
sal e pimenta-do-reino a gosto
½ xícara (chá) de azeite de oliva extravirgem
1 ramo de salsinha

Modo de preparo

› Deixe os vôngoles de molho em água e sal para retirar a areia, se houver.

› Numa frigideira, coloque os vôngoles, ½ taça de vinho branco, 1 dente de alho picado, o sal, a pimenta-do-reino e 1 ramo de salsinha e frite em 3 colheres (sopa) de azeite em fogo alto até que as conchas se abram.

› Retire os vôngoles das conchas e reserve.

› Lave e seque os filés de pescada.

› Coloque-os em uma travessa para marinar com o alho picado, ½ taça de vinho branco, a pimenta-do-reino, o sal, o cravo-da-índia e a parte verde da erva-doce. Deixe marinar por algumas horas e, em seguida, corte os filés de pescada em pedaços e misture com os vôngoles.

› Lave as verduras e a erva-doce e corte-as em fatias finas.

› Escorra o feijão-de-soja e junte-o à mistura dos filés de peixe e das verduras.

› Faça um molho, para temperar a salada, com o suco de limão, o sal, a pimenta-do-reino e o azeite de oliva.

› Sirva com as folhas em volta do prato e, no centro, os filés de peixes com o feijão-de-soja e a erva-doce.

Dicas

› Se não gostar de filé de pescada somente marinado, pode-se grelhar e, depois, cortar em pedaços.

› É possível ainda temperar o feijão-de-soja já fervido com sal, pimenta-do-reino, *shoyu*, azeite de oliva e ervas de Provence para servir com a salada.

Salada de legumes e *tofu*

(4 pessoas)

Ingredientes

2 xícaras (chá) de *tofu* em cubos
1 xícara (chá) de ervilha fresca
1 abobrinha em cubos sem sementes
3 tomates em tiras sem sementes
2 ramos de hortelã
2 cebolinhas picadas
½ xícara (chá) de azeite de oliva extravirgem
sal e pimenta-do-reino moída na hora a gosto

Modo de preparo

› Numa frigideira antiaderente, coloque 3 colheres (sopa) de azeite e frite, por 2 minutos, o *tofu* com o sal e a pimenta-do-reino. Reserve.

› Cozinhe a ervilha e a abobrinha no vapor.

› Corte os tomates em tiras, retirando as sementes.

› Separe as partes brancas e verdes das cebolinhas e corte as folhas de hortelã.

› Coloque tudo em um prato grande, temperando com o azeite, o sal, a hortelã e a cebolinha.

› Disponha o *tofu* no centro do prato antes de servir.

Salada exótica com *tempeh* marinado

(4 pessoas)

Ingredientes

1 alface-crespa roxa
2 xícaras (chá) de broto de feijão-de-soja
4 fundos de alcachofra em conserva de azeite
1 xícara (chá) de *tempeh* marinado
2 abacates
suco de 1 limão
sal a gosto

Molho

8 colheres (sopa) de azeite de oliva extravirgem
2 colheres (sopa) de vinagre
2 colheres (sopa) de *shoyu*
2 colheres (sopa) de maionese de soja (ver receita na p. 89 ou 132)
sal e pimenta-do-reino moída na hora a gosto

Modo de preparo

- Lave e seque as folhas de alface e reserve.
- Mergulhe, por 3 a 4 minutos, o broto de feijão em água fervendo com suco de limão e sal. Escorra e reserve.
- Retire as alcachofras da conserva e reserve.

› Corte o *tempeh* marinado em cubinhos.

› Retire a casca dos abacates, corte em tiras e borrife com suco de limão para não escurecer.

› Prepare o molho misturando a maionese com *shoyu*, vinagre, azeite, sal e pimenta-do-reino.

› Monte a salada com as folhas de alface, o molho e novamente as folhas de alface, até terminarem os ingredientes.

› Tempere antes de servir.

Salada primavera

(6 pessoas)

Ingredientes

500 g de macarrão de trigo integral
1 colher (sopa) de gergelim
2 colheres (sopa) de *shoyu*
100 g de queijo branco em cubos
100 g de peito de peru em cubos
1 xícara (chá) de brócolis cozido e picado
1 xícara (chá) de couve-flor cozida e picada
1 xícara (chá) de cenoura cozida em rodelas
2 colheres (sopa) de azeitonas pretas sem caroço e picadas
1 pote de iogurte de soja
4 colheres (sopa) de azeite de oliva extravirgem
óleo de girassol
alho
1 colher (sopa) de cebola picada
sal e pimenta-do-reino moída na hora a gosto
folhas de manjericão para decorar

Modo de preparo

› Cozinhe o macarrão em água e sal e escorra. Passe por água fria e reserve.

- Numa frigideira antiaderente, com azeite e óleo de girassol, coloque cebola e alho.
- Acrescente, aos poucos, os ingredientes já cozidos e picados, o queijo, o peito de peru, o iogurte, a pimenta-do-reino, o *shoyu* e as azeitonas.
- Misture ao macarrão, salpique o gergelim e sirva com folhas de manjericão.
- Verifique o sal.

Salada Waldorf com *tofu*

(4 pessoas)

Ingredientes

1 coração de salsão branco
1 maçã descascada em cubos
½ xícara (chá) de *tofu* em cubos
½ nabo ralado
croûtons de pão integral para servir

Molho

1 ramo de hortelã picada
1 ramo de salsinha picada
3 nozes-pecã picadas ou castanha-do-pará
azeite extravirgem misturado com óleo de girassol (opcional)
sal e pimenta-do-reino moída na hora a gosto

Modo de preparo

- Tempre o *tofu* com azeite e *shoyu*.
- Corte o salsão e as maçãs, rale o nabo.
- Prepare o molho misturando os ingredientes.
- Disponha as verduras, regadas com o molho, ao centro e os cubos de *tofu* em volta.
- Sirva com os *croûtons* de pão integral.

Sopa de feijão-de-soja vermelho *(azuki)*

(4 pessoas)

Ingredientes

1 xícara (chá) de feijão-de-soja vermelho *(azuki)* cozido (ver receita na p. 131)
2 cenouras em cubos
2 abobrinhas em tiras sem sementes
1 xícara (chá) de repolho picado
1 batata em rodelas
1 tablete de sopa de legumes
2 folhas e 2 talos de salsão verde
1 cebola média em rodelas
2 a 3 tomates em tiras sem sementes
½ xícara (chá) de arroz integral cozido (ver receita na p. 129)
4 colheres (sopa) de azeite de oliva extravirgem
sal a gosto
pimenta-dedo-de-moça sem semente (opcional) a gosto
1 colher (sopa) de *shoyu*
queijo parmesão ralado a gosto

Modo de preparo

› Coloque 1 ½ litro de água para ferver com as folhas e os talos de salsão e o tablete de sopa de legumes. Quando ferver, adicione todas as verduras e legumes e continue cozinhando em fogo médio.

› Quando as verduras estiverem *al dente*, acrescente o feijão-de-soja e deixe cozinhar mais. Depois, acrescente o arroz.

› Verifique o sal e, na hora de servir, acrescente azeite e, se gostar, queijo parmesão ralado, pimenta-dedo-de-moça e *shoyu*.

Sopa de vôngole e missô

(6 pessoas)

Ingredientes

3 xícaras (chá) de vôngole com as conchas
1 colher (sopa) de missô diluída em 6 colheres (sopa) de água
½ litro de água filtrada
½ xícara (chá) de *tofu* em cubos
2 colheres (sopa) de cebolinha picada
2 colheres (sopa) de salsinha picada
3 dentes de alho amassados
1 ramo de salsinha
1 xícara (café) de azeite de oliva extravirgem
4 tomates, sem pele e sem semente, em cubos
½ cálice de vinho branco
1 tablete de caldo de peixe
sal a gosto
pimenta-dedo-de-moça (opcional)

Modo de preparo

› Deixe os vôngoles de molho em água e sal para retirar a areia, se houver.

› Escorra e coloque em uma frigideira funda, junto com 1 ramo de salsinha, algumas colheres de vinho branco. Tampe.

› Quando as conchas abrirem, retire os vôngoles e reserve.

› Coloque a água filtrada para ferver, acrescente o tablete de caldo de peixe, deixe ferver mais e reserve.

› Numa frigideira antiaderente, coloque o azeite, o alho, a salsinha, a cebolinha, os tomates e, em seguida, os vôngoles reservados. Deixe ferver, misture bem e acrescente o restante do vinho branco. Deixe evaporar e coloque pouco sal, porque o missô é muito salgado.

› Vá acrescentando a água fervida com o tablete de caldo de peixe, o *tofu* e a cebolinha.

› Misture o missô na sopa antes de apagar o fogo.

Sopa vegetariana

(6 pessoas)

Ingredientes

2 xícaras (chá) de soja fresca cozida (ver receita na p. 146)
1 xícara (chá) de vagem em pedaços
2 cenouras em cubos
¼ de repolho médio em tiras finas
1 batata em cubos
2 talos e folhas de salsão
1 cebola média picada
1 dente de alho picado
2 tomates em cubos
1 ½ litro de água filtrada
1 ramo de manjericão
½ xícara (chá) de arroz já cozido
3 colheres (sopa) de azeite de oliva extravirgem
sal e pimenta-do-reino moída a gosto
1 tablete de caldo de legumes (opcional)
queijo parmesão ralado para decorar (opcional)

Modo de preparo

› Cozinhe, no vapor, a vagem cortada em pedaços.

› Ferva 1 ½ litro de água filtrada com o salsão, os tomates, a cebola picada, o alho e, depois, coloque em fogo baixo e tampe.

› Acrescente a soja, o arroz e o tablete de caldo de legumes.

› Adicione, se necessário, sal e pimenta-do-reino.

› Quando tudo estiver bem cozido, retire e adicione o azeite e as folhas de manjericão.

› Sirva em pratos fundos com azeite por cima e, se gostar, decore com colheradas de queijo parmesão ralado.

Sopa-creme de soja

(6 pessoas)

Ingredientes

2 xícaras (chá) de soja cozida e temperada
1 xícara (chá) de creme de leite de soja
2 colheres (sopa) de manteiga
1 cebola roxa cortada fina
1 maço de ervas aromáticas (salsinha, salsão, alho-porró, louro)
sal e pimenta-do-reino moída na hora a gosto
cebolinha picada para decorar
torradas de pão integral para servir

Modo de preparo

› Numa panela antiaderente, derreta a manteiga, junte a cebola e, usando uma tampa, deixe murchar, sem dourar.
› Adicione a soja, misture e tempere com sal e pimenta-do-reino. Reserve algumas colheres de soja.
› No processador, bata tudo até formar um purê.
› Coloque o purê na panela com as ervas aromáticas amarradas e deixe engrossar até se tornar um creme de consistência espessa.
› Retire o maço de ervas, adicione o creme de leite e a soja reservada.
› Disponha em um prato fundo e enfeite com a cebolinha.
› Sirva com torradas de pão integral.

Terrina gratinada de espinafre e amêndoas

(6 pessoas)

Ingredientes

1 maço de espinafre
6 ovos
6 colheres (sopa) de maisena
1 xícara (chá) de leite de soja
1 colher (sopa) de manteiga
½ xícara (chá) de creme de leite de soja
2 colheres (sopa) de queijo parmesão ralado
1 colher (sopa) de amêndoas em lascas
½ cálice de vinho branco seco
sal e pimenta-do-reino moída na hora a gosto
manteiga para untar a terrina (forma de pão inglês)

Modo de preparo

› Cozinhe o espinafre no vapor. Escorra, aperte para retirar a água que se formou e pique.

› Numa frigideira antiaderente, em fogo baixo, passe o espinafre na manteiga, acrescente sal e pimenta-do-reino, aumente o fogo e coloque o vinho branco. Deixe evaporar e reserve.

› Bata os ovos.

› Desmanche a maisena no leite, acrescente o creme de leite e misture os ovos batidos, um pouco de queijo parmesão, o sal, a pimenta-do-reino e o espinafre reservado.

› Misture tudo muito bem, unte a terrina com manteiga e coloque a mistura apertando bem.

› Leve ao forno preaquecido a 180 °C. Passados os primeiros 20 minutos, coloque por cima mais queijo parmesão ralado e as amêndoas em lasca.

› Cozinhe até verificar, com um palito, que a parte interna está sequinha.

Molhos e acompanhamentos

Arroz integral

(2 pessoas)

Ingredientes

1 xícara (chá) de arroz integral
3 ½ xícaras (chá) de água filtrada
1 tablete de caldo de legumes (opcional)

Modo de preparo

› Desmanche o tablete na água.
› Coloque o arroz na água e cozinhe até ferver.
› Abaixe o fogo e tampe a panela.
› Quando secar toda a água, o arroz estará pronto.
› Se não usar o tablete de caldo de legumes, acrescente sal na água.

Bechamel com leite de soja

(4 pessoas)

Ingredientes

50 g de manteiga
50 g de farinha de trigo
½ litro de leite de soja frio
3 colheres (sopa) de queijo parmesão ralado na hora
sal a gosto e pimenta-do-reino moída na hora
1 pitada de noz-moscada ralada na hora

Modo de preparo

› Numa panela antiaderente, coloque a manteiga e, em seguida, a farinha.
› Misture bem, com uma colher de pau, para não formar pelotas.
› Adicione o leite aos poucos e continue mexendo até aparecer o fundo da panela.
› Acrescente o queijo parmesão ralado, o sal, a pimenta-do--reino e a noz-moscada.
› Deixe cozinhar por mais 15 minutos e retire do fogo.

Feijão-de-soja vermelho *(azuki)*

(4 pessoas)

Ingredientes

1 xícara (chá) de feijão-de-soja vermelho (*azuki*)
5 xícaras (chá) de água filtrada
1 tablete de caldo de legumes
1 paio ou linguiça (opcional)

Modo de preparo

› Deixe o feijão de molho por 12 horas na água filtrada.

› Cozinhe com a água do molho, adicionando água até cobrir o feijão.

› Acrescente o tablete de caldo de legumes e o paio ou a linguiça.

› Cozinhe, após a fervura, na panela de pressão por 15 minutos.

Maionese de soja

(4 pessoas)

Ingredientes

1 xícara (chá) de feijão-de-soja cozido
suco de ½ limão
1 dente de alho bem picado
1 pitada de sal
1 pitada de gengibre ralado
azeite de oliva extravirgem a gosto
água do cozimento do feijão

Modo de preparo

› Bata no liquidificador ou processador o feijão ainda quente com a água usada para cozinhá-lo em quantidade suficiente para formar uma pasta.
› Sempre mexendo, acrescente aos poucos, o suco de limão, o sal, o alho picado, o gengibre e o azeite.

Massa de panqueca

(4 a 6 pessoas)

Ingredientes

1 ½ xícara (chá) de farinha integral

½ xícara (chá) de farinha branca

3 colheres (sopa) de farinha de soja

2 ovos

1 pitada de bicarbonato

1 pitada de sal

1 pitada de açúcar

3 colheres (sopa) de azeite de oliva extravirgem para fritar as panquecas

Modo de preparo

› Bata no liquidificador os ingredientes aos poucos.

› Deixe a massa descansar por 2 horas.

› Passe com pincel um pouco de azeite numa frigideira antiaderente e frite as panquecas, tendo como medida uma concha pequena.

› Deixe dourar de um lado; vire e doure do outro. Proceda da mesma maneira até terminar a massa.

Molho branco

(4 pessoas)

Ingredientes

50 g de manteiga

50 g de farinha de trigo

½ litro de leite de soja

1 pitada de noz-moscada

1 cebola pequena

1 cenoura

1 ramo de cheiro-verde

sal e pimenta-do-reino moída na hora a gosto

Modo de preparo

› Ferva o leite com a cebola, a cenoura e o ramo de cheiro-verde e 3 grãos de pimenta-do-reino.

› Deixe ferver em fogo baixo por 20 minutos. Coe e reserve.

› Em uma panela antiaderente leve ao fogo baixo a manteiga.

› Quando derreter, acrescente, de uma só vez, a farinha.

› Mexa até que tudo esteja desmanchado.

› Junte o leite e misture por mais 15 minutos, até a massa desgrudar da panela.

› Adicione sal, pimenta e noz-moscada.

Molho cremoso de *tofu*

(4 pessoas)

Ingredientes

½ xícara (chá) de *tofu*
5 colheres (sopa) de azeite de oliva extravirgem
½ xícara (chá) de leite desnatado
3 colheres de (sopa) de *shoyu*

Modo de preparo

› Bata no liquidificador todos os ingredientes até obter um molho cremoso.

Molho de *tofu* para salada

(4 pessoas)

Ingredientes

1 xícara (chá) de *tofu*
5 folhas de hortelã
1 colher (sopa) de azeite de oliva extravirgem
1 colher (sopa) de água filtrada
sal a gosto

Modo de preparo

› Bata tudo no processador ou liquidificador até formar uma mistura homogênea.
› Se necessário, acrescente mais água filtrada.

Dica

› Com esse molho, é possível temperar folhas verdes ou legumes feitos no vapor.

Molho de tomate

(6 pessoas)

Ingredientes

1 kg de tomate bem maduro
1 cebola média
2 dentes de alho amassados
1 ramo de manjericão
sal e pimenta-do-reino moída na hora a gosto
3 colheres (sopa) de azeite de oliva extravirgem
1 colher (sopa) de óleo de soja

Modo de preparo

› Lave e corte em quatro os tomates e a cebola.

› Pique algumas folhas de manjericão e leve os tomates e a cebola ao fogo em uma panela tampada.

› Amasse aos poucos com uma colher de pau. Continue mexendo até que estejam cozidos e com líquido reduzido.

› Passe pela peneira ou pelo processador.

› Volte à panela e acrescente alho, sal, pimenta e mais algumas folhas de manjericão.

› Deixe apurar em fogo baixo.

› Adicione óleo e azeite.

› Misture e retire do fogo.

Pratos principais

Almôndegas de atum fresco

(4 pessoas)

Ingredientes

4 postas de atum fresco
4 colheres (sopa) de maionese de soja (ver receita na p. 89 ou 132)
folhas verdes para servir

Para marinar

2 dentes de alho picados
2 colheres (sopa) de salsinha picada
sal ou *shoyu* a gosto

Tempero para as almôndegas

1 xícara (chá) de leite de soja quente
4 fatias de pão amanhecido
½ xícara (chá) de farinha de soja
2 colheres (sopa) de azeitonas verdes picadas
4 fatias finas de presunto cru picado (opcional)
1 ovo batido
½ xícara (chá) de vinho branco seco
1 ovo cozido cortado bem miúdo
1 dente de alho ralado
½ cebola ralada
pimenta-do-reino a gosto

2 colheres (sopa) de salsinha picada
4 colheres (sopa) de azeite de oliva extravirgem
sal e pimenta-do-reino moída na hora a gosto

Modo de preparo

› Moa as postas de atum com um pouco de alho, salsinha e *shoyu*. Deixe numa tigela para marinar por 1 ou 2 horas.

› Deixe o pão amolecer no leite quente, aperte bem para tirar o excesso do leite.

› Acrescente o atum marinado, a azeitona, o ovo batido, o ovo cozido, o presunto, o pão amolecido, o sal e a pimenta-do-reino.

› Misture bem com as mãos.

› Forme as almôndegas com as mãos e, depois, passe-as na farinha de soja.

› Frite-as numa frigideira antiaderente com pouco azeite. Deixe dourar dos dois lados. Retire e reserve.

› Na mesma frigideira frite com o restante do azeite, a cebola, o alho e a salsinha.

› Coloque as almôndegas outra vez na frigideira e acrescente o vinho.

› Deixe evaporar. Tampe e deixe em fogo brando por 10 minutos.

› Espere esfriar e sirva com a maionese de soja e decore com as folhas verdes.

Dica

› Experimente também fazer esta receita usando filé de pescada.

Almôndegas de *tofu*

(6 pessoas)

Ingredientes

500 g de *tofu*

2 xícaras (chá) de arroz integral cozido (ver receita na p. 129)

1 colher (sobremesa) de orégano

1 colher (sopa) de *shoyu*

1 cebola média ralada

1 ramo de manjericão

1 pitada de sal marinho (se necessário)

broto de soja para servir

Para fritar as almôndegas

1 ovo batido

½ xícara (chá) de farinha de trigo integral

½ xícara (chá) de farinha de rosca

½ xícara (chá) de azeite de oliva extravirgem

Modo de preparo

› Amasse o *tofu* em uma tigela e adicione ao arroz a cebola, o manjericão, o orégano, o *shoyu* e o sal (se necessário).

› Misture tudo muito bem e forme as almôndegas com as

mãos, achatando-as com cuidado ao passá-las na farinha de trigo, no ovo batido e na farinha de rosca.

› Frite numa frigideira antiaderente com pouco azeite.

› Se quiser, pode levar ao forno até ficarem douradas dos dois lados.

› Sirva com salada de broto de soja.

Arroz integral com *tempeh*

(4 pessoas)

Ingredientes

1 xícara (chá) de arroz integral cozido (ver receita na p. 129)
1 xícara (chá) de *tempeh*
1 alho-porró em rodelas (parte branca)
1 colher (sopa) de *shoyu*
1 colher (sopa) de *curry* em pó
1 dente de alho picado
6 colheres (sopa) de azeite de oliva extravirgem

Modo de preparo

› Cozinhe o *tempeh* no vapor por 20 minutos. Depois corte-o em cubos.

› Refogue o alho-porró com o alho em 2 colheres de azeite, em fogo baixo. Quando estiverem macios, acrescente o *curry* em pó e, depois, o *tempeh*.

› Cozinhe lentamente por mais alguns minutos e reserve.

› Frite o alho-porró no restante do azeite numa panela antiaderente.

› Junte o arroz integral e, quando estiver quase cozido, misture, com cuidado, o *tempeh*.

› Por último, acrescente o *shoyu*.

› Verifique o sal, apague o fogo. Deixe tampado por cerca de 10 minutos antes de servir.

Arroz primavera (arroz com soja fresca)

(4 pessoas)

Ingredientes

1 xícara (chá) de arroz italiano
1 litro de água ou caldo de legumes quente
2 colheres (sopa) de azeite de oliva extravirgem
2 colheres (sopa) de manteiga
½ cebola ralada, para o tomate, e 2 colheres (sopa), para o arroz
2 dentes de alho ralado (1 para o tomate, 1 para o arroz)
2 colheres (sopa) de queijo parmesão ralado
150 g de soja fresca
3 fatias de *pancetta* picada
½ xícara (chá) de vinho branco
sal e pimenta-do-reino moída na hora a gosto
3 tomates sem pele e sem semente, em cubos

Modo de preparo

› Lave a soja e ferva em água já quente por 15 minutos. Debulhe e reserve.
› Numa frigideira antiaderente, coloque 1 colher de azeite, a *pancetta*, a cebola, o alho e os tomates.
› Acrescente a soja, mexa e deixe cozinhar até que a soja fique macia.
› Acrescente sal e pimenta-do-reino.

› Quando a soja estiver pronta, aumente o fogo, acrescente vinho branco, deixe evaporar e reserve.

› Numa panela antiaderente, coloque 1 colher de manteiga, o restante do azeite, a cebola, o alho e, em seguida, o arroz. Mexa bem para que o tempero penetre no arroz.

› Vá colocando conchas de caldo e mexendo até que o arroz absorva o líquido necessário para cozinhar e engrossar.

› Quando o arroz estiver *al dente*, acrescente a soja temperada e reservada e mexa bem. Apague o fogo.

› Adicione o restante da manteiga e o queijo ralado e sirva.

Bife de soja à milanesa

(6 pessoas)

Ingredientes

2 xícaras (chá) de feijão-de-soja vermelho *(azuki)* cozido (ver receita na p. 131)

2 xícaras (chá) de arroz integral cozido (ver receita na p. 129)

1 colher (sopa) de queijo parmesão ralado

1 colher (sopa) de cebolinha picada

1 colher (sopa) de salsinha picada

3 colheres (sopa) de azeite de oliva extravirgem

1 pitada de orégano

sal e pimenta-do-reino moída na hora a gosto

4 colheres (sopa) de molho de tomate (ver receita na p. 137)

Para a milanesa

1 ovo batido

1 xícara (chá) de farinha de trigo

½ xícara (chá) de farinha de rosca

Modo de preparo

› Prepare um purê com a soja.

› Acrescente o arroz integral. Misture muito bem.

› Acrescente a cebolinha, o queijo, o orégano, o molho de tomate, o azeite, a salsinha e o sal.

› Forme as almôndegas com as mãos, achatando-as com cuidado ao passá-las na farinha de rosca.

› Coloque numa assadeira untada e leve ao forno bem quente durante 10 minutos ou até ficarem douradas dos dois lados.

› Se quiser, pode fritar em frigideira antiaderente.

Bife de soja à *pizzaiola*

(4 pessoas)

Ingredientes

4 bifes de soja preparados e temperados
(ver receita na p. 148)
3 tomates maduros sem pele e sem sementes
2 dentes de alho picados
1 colher (sopa) de orégano
1 colher (sopa) de alcaparras sem sal
2 colheres (sopa) de azeite de oliva extravirgem
2 colheres (sopa) de óleo de soja
1 ramo de manjericão
sal e pimenta-do-reino moída na hora a gosto
batata palha ou arroz integral para servir

Modo de preparo

› Frite os bifes de soja numa frigideira antiaderente com o azeite e o óleo e reserve.

› Na mesma frigideira coloque o azeite, o alho e as alcaparras. Frite e, depois, acrescente os tomates picados.

› Misture orégano e manjericão, tampe e deixe em fogo baixo para o molho encorpar.

› Coloque os bifes na frigideira para adquirir o gosto do molho.

› Sirva com batata palha ou arroz integral.

Dica

› Se gostar de molho picante, acrescente uma pimenta-dedo--de-moça sem semente.

PRATOS PRINCIPAIS

Conchiglie com alcachofra e feijão-de-soja

(4 pessoas)

Ingredientes

300 g de macarrão tipo concha *(conchiglie)*

3 fundos de alcachofra em tiras

1 xícara (chá) de feijão-de-soja vermelho *(azuki)* cozido (ver receita na p. 131)

1 alho-porró em rodelas

½ pimenta-dedo-de-moça sem semente

1 ramo de alecrim picado

½ xícara (chá) de vinho branco

3 fatias de *pancetta* picada

3 colheres (sopa) de queijo pecorino ralado

4 colheres (sopa) de azeite de oliva extravirgem

suco de 1 limão

sal a gosto

ramos de alecrim para decorar

Modo de preparo

› Deixe os fundos de alcachofra de molho em água e suco de limão.

› Numa frigideira antiaderente, coloque o azeite, a pimenta, a *pancetta*, o alho-porró e frite em fogo baixo com tampa.

Aumente o fogo e coloque o vinho branco, deixe evaporar, acrescente as alcachofras e tampe.

› Coloque o feijão-de-soja na frigideira e misture bem devagar. Deixe cozinhar mais um pouco. Por último, verifique o sal e acrescente o alecrim.

› Cozinhe em água e sal o macarrão. Escorra ainda *al dente*, coloque na frigideira junto com o molho. Misture bem e complete com o queijo pecorino.

› Decore os pratos com ramos de alecrim.

Cubos de frango

(6 pessoas)

Ingredientes

3 peitos de frango em cubos

1 colher (sobremesa) de missô

1colher (sobremesa) de *shoyu*

1 colher (chá) de vinagre

½ cebola picada

2 dentes de alho amassados

1 colher (sopa) de cenoura bem picada

½ xícara (chá) de vinho do Porto

4 colheres (sopa) de azeite de oliva extravirgem

10 azeitonas verdes picadas sem caroço

1 ramo de sálvia

3 colheres (sopa) de farinha de trigo

sal e pimenta-do-reino moída na hora a gosto

arroz ou salada verde para servir

Modo de preparo

› Tempere o frango com *shoyu*, missô, vinagre, sal e pimenta. Passe os cubos de frango na farinha de trigo.

› Numa frigideira antiaderente, coloque azeite e, quando estiver quente, o frango.

› Com uma colher de madeira, vá separando os cubos para eles fritarem por igual. Quando começar a dourar, adicione a cebola, o alho e a cenoura.

- Mexa e tampe por alguns minutos.
- Acrescente as azeitonas, a sálvia e o vinho do Porto.
- Deixe evaporar e abaixe o fogo. Tampe e cozinhe até o frango ficar macio.
- Verifique o sal.
- Sirva com arroz ou com salada verde.

Cuscuz com almôndegas

(6 pessoas)

Ingredientes

250 g de cuscuz pré-cozido
200 g de carne moída
200 g de proteína de soja
2 xícaras (chá) de água quente
3 cebolas picadas
3 tomates-cereja cortados ao meio
1 ovo
2 dentes de alho ralados
6 colheres (sopa) de azeite de oliva extravirgem
1 colher (sopa) de suco de limão
algumas folhas de hortelã picadas
1 colher (sopa) de *shoyu*
uva-passa e nozes a gosto (opcional)
folhas de hortelã para decorar

Modo de preparo

› Num pirex, coloque o cuscuz e acrescente, aos poucos, água quente. Deixe descansar por 20 minutos e, depois, mexa com um garfo.

› Coloque a carne moída em uma terrina, junte o alho, as folhas de hortelã, o ovo, o sal e a pimenta a gosto.

› À parte, hidrate com água quente a proteína de soja, deixando por 30 minutos. Depois escorra e aperte bem com as mãos para retirar toda a água.

› Coloque o *shoyu* e a carne moída.

› Misture muito bem e forme pequenas almôndegas com as mãos. Frite numa frigideira antiaderente, com pouco azeite. Vire até ficarem douradas. Retire e reserve.

› Numa terrina, misture azeite, suco de limão, sal e pimenta a gosto. Tempere o cuscuz, mexendo com um garfo, depois acrescente os tomates, a cebola, a uva-passa e as nozes.

› Coloque numa forma de pudim.

› Desenforme e coloque as almôndegas ao centro.

› Decore com as folhas de hortelã.

Enroladinho de berinjela com *tofu* e manjericão

(4 pessoas)

Ingredientes

2 berinjelas

1 xícara (chá) de molho de tomate (ver receita na p. 137)

folhas de manjericão para decorar

arroz integral para servir

Recheio

1 xícara (chá) de *tofu*

1 xícara (chá) de queijo de cabra

1 xícara (chá) de ricota

½ xícara (chá) de azeite de oliva extravirgem

1 ramo de manjericão

1 colher (chá) de *shoyu*

pimenta-do-reino moída na hora a gosto

Modo de preparo

› Corte as berinjelas em fatias no sentido do comprimento. Deixe em água e sal por algumas horas. Escorra e aperte bem para retirar a água.

› Numa frigideira antiaderente, com 2 colheres (sopa) de azeite, coloque as berinjelas e vire dos dois lados, até ficarem douradinhas. Retire e vá colocando sobre papel-toalha.

› Em uma tigela, amasse o *tofu*, o queijo de cabra e a ricota. Tempere com o *shoyu*, a pimenta e o azeite.

› Sobre cada fatia de berinjela coloque uma colherada de recheio e 2 folhas de manjericão. Enrole.

› Esquente o molho de tomate numa frigideira larga antiaderente.

› Coloque algumas folhas de manjericão e as berinjelas, uma ao lado da outra. Tampe e deixe esquentar em fogo baixo.

› Mexa de vez em quando a frigideira para os enroladinhos não abrirem.

› Decore com folhas de manjericão.

› Sirva com arroz integral.

Escalope com queijo gorgonzola

(6 pessoas)

Ingredientes

6 bifes de filé mignon

Molho

1 xícara (chá) de queijo gorgonzola
1 xícara (chá) de creme de leite de soja
3 colheres (sopa) de manteiga
½ taça de conhaque
sal e pimenta-do-reino moída na hora a gosto

Para empanar

1 ovo batido
½ xícara (chá) de pão amanhecido ralado (farinha de rosca)
½ xícara (chá) de farinha de trigo
4 colheres (sopa) de azeite de oliva extravirgem

Modo de preparo

› Passe o sal e a pimenta nos bifes e, em seguida, a farinha de trigo, o ovo batido e, por último, a farinha de rosca.
› Frite com pouco azeite numa frigideira antiaderente.

› Para preparar o molho, coloque manteiga, queijo, creme de leite e conhaque numa frigideira.
› Misture bem para ficar um creme. Se quiser que fique mais líquido, bata no liquidificador.
› Sirva com o molho de queijo, por cima, bem quente.
› Acompanhe com batata palha ou salada de brotos de feijão.

Espetinho de legumes e *tempeh* marinado

(6 pessoas)

Ingredientes

200 g de *tempeh* em cubos

1 cenoura em cubos

6 flores de couve-flor cozidas no vapor

1 alho-porró em pedaços cozido no vapor

1 pepino em rodelas grossas

6 tomates-cereja cortados ao meio sem semente

6 palitos de madeira (tipo japonês)

6 colheres (sopa) de azeite de oliva extravirgem

1 colher (sopa) de *shoyu*

suco de 1 laranja ou licor Grand Marnier

sal e pimenta-do-reino moída na hora a gosto

arroz integral ou salada verde para servir

Modo de preparo

› Cozinhe o *tempeh* no vapor por 10 minutos. Ainda quente, tempere com *shoyu* e reserve.

› Cozinhe os legumes no vapor com sal.

› Tempere os legumes e as verduras com azeite, sal, pimenta, suco de laranja ou licor.

› Monte os palitos com a cenoura, depois o pepino, o tomate--cereja, o *tempeh*, a couve-flor, o alho-porró ou a seu gosto.

› Sirva com arroz integral ou salada verde.

Frango com *champignon*

(6 pessoas)

Ingredientes

1 frango em pedaços
4 colheres (sopa) de manteiga
250 g de *champignon* em fatias
½ xícara (chá) de caldo de frango
3 colheres (sopa) de vinho Marsala ou vinho do Porto
½ xícara (chá) de creme de leite de soja
sal (ou *shoyu)* e pimenta-do-reino moída na hora a gosto
salsinha picada para decorar
purê de soja para servir

Purê de soja

2 xícaras (chá) de soja já cozida
2 colheres (sopa) de manteiga
½ xícara (chá) de leite de soja *light*
½ cebola em tiras finas

Moro de preparo

› Para o purê, frite a cebola na manteiga. Bata a soja com o leite e coloque na frigideira junto com a cebola. Misture e deixe secar bem. Acrescente o sal e a pimenta.

› Numa frigideira de inox funda, coloque 1 colher de manteiga e doure os pedaços de frango.

› Numa frigideira pequena e antiaderente, coloque o restante da manteiga com os *champignons*. Deixe dourar e misture ao frango, tempere com sal ou *shoyu* e cozinhe em fogo baixo com tampa.

› Adicione o vinho e o caldo e deixe cozinhar até o frango ficar macio.

› Na hora de servir, acrescente o creme de leite de soja.

› Decore com salsinha

› Sirva com purê de soja.

Macarrão com feijão

Ingredientes

2 xícaras (chá) de macarrão bem pequeno cozido *al dente*

1 xícara (chá) de feijão-de-soja vermelho *(azuki)* (ver receita na p. 131)

2 fatias de *pancetta* picada

½ cebola média ralada

1 dente de alho ralado

½ xícara (chá) de azeite de oliva extravirgem

1 colher (sopa) de *shoyu*

1 pitada de pimenta-do-reino moída da hora

Modo de preparo

› Misture numa panela o feijão com o macarrão.

› Numa frigideira antiaderente, coloque o azeite, a *pancetta*, o alho e a cebola. Deixe fritar em fogo baixo.

› Acrescente esse tempero ao feijão e ao macarrão misturados. Deixe cozinhar por mais 30 minutos.

› Adicione o *shoyu* e a pimenta-do-reino.

Nhoque à moda de Paris

(4 pessoas)

Ingredientes

150 g de semolina
½ litro de leite de soja
80 g de manteiga
4 ovos
4 colheres (sopa) de queijo parmesão ralado
sal e pimenta-do-reino moída na hora a gosto

Molho

2 xícaras (chá) de molho bechamel com leite de soja (ver receita na p. 130)
1 xícara (chá) de creme de leite de soja
½ xícara (chá) de queijo emental ralado
4 colheres (sopa) de manteiga
1 pitada de noz-moscada

Modo de preparo

› Faça o molho bechamel e acrescente o creme de leite de soja, o queijo, o sal e a pimenta. Coloque num pirex e reserve.

› Numa panela antiaderente, coloque o leite com o sal e a manteiga em pedaços.

› Quando ferver, jogue de uma só vez a semolina, misturando bem para não empelotar. Continue mexendo com uma colher de pau até desgrudar da panela.

› Retire do fogo e adicione os ovos, um por vez. Quando o ovo estiver incorporado à massa, coloque o outro.

› Acrescente o queijo parmesão ralado. Verifique o sal e reserve.

› Coloque para ferver com água abundante e sal em uma panela larga.

› Utilizando-se de duas colheres de chá, forme os nhoques e coloque na água. Quando vierem à superfície, retire com uma espumadeira e coloque no pirex junto com o molho.

› Coloque mais molho sobre os nhoques e mais queijo ralado por cima.

› Leve ao forno pré-aquecido a 140 °C para gratinar.

Nhoque de abóbora

(6 pessoas)

Ingredientes

1,2 kg de abóbora madura com casca
200 g de farinha de trigo integral
100 g de farinha de soja
2 ovos
120 g de queijo parmesão ralado
1 pitada de noz-moscada
½ cálice de licor Amaretto ou essência de amêndoas
sal e pimenta-do-reino moída na hora a gosto
ricota defumada e ralada para servir

Molho

1 colher (sopa) de manteiga
1 xícara (chá) de creme de leite de soja
1 xícara (chá) de leite de soja *light*
50 g de ricota defumada (seca) e ralada grossa
1 pitada de noz-moscada

Modo de preparo

› Corte a abóbora em pedaços e coloque no forno para que a polpa fique cozida.

› Retire do forno e, com uma colher, remova a polpa, colocando-a numa tigela.

- Acrescente, misturando bem, as duas farinhas peneiradas, os ovos, a noz-moscada, o queijo ralado, o licor Amaretto, ou algumas gotas de essência de amêndoa.
- Forme uma bola e cubra com papel-alumínio.
- Deixe descansar na geladeira por 30 minutos. Retire da geladeira e comece a fazer vários rolinhos com a massa, cortando-a em pedaços.
- Cozinhe os nhoques em água e sal e, quando subirem à superfície, retire com uma espumadeira e reserve.
- Para preparar o molho, derreta a manteiga numa frigideira antiaderente funda, o leite de soja, o creme de leite de soja, a ricota e a noz-moscada.
- Misture todos os ingredientes para condimentar os nhoques.
- Sirva com mais ricota ralada.

Paella vegetariana

(4 a 5 pessoas)

Ingredientes

1 xícara (chá) de feijão-de-soja vermelho *(azuki)* cozido (ver receita na p. 131)
1 xícara (chá) de arroz integral cozido (ver receita na p. 129)
½ xícara (chá) de azeite de oliva extravirgem
½ xícara (chá) de *funghi* seco hidratado
1 pimentão vermelho em tiras
1 pimentão verde em tiras
1 xícara (chá) de vagem cozida no vapor
1 xícara (chá) de tomate sem pele e sem semente, batidinho
3 dentes de alho picados
3 cebolinhas picadas
6 azeitonas pretas sem caroço
2 colheres (sopa) de *shoyu*
2 colheres (sopa) de salsinha picada
3 colheres (sopa) de açafrão desmanchado em pouca água
salsinha picada para decorar

Modo de preparo

› Numa panela própria para *paella*, coloque um pouco de azeite, a cebolinha, o alho, o *funghi* seco, os pimentões, as vagens e, por último, os tomates. Coloque por cima mais um pouco de azeite e o *shoyu*.

› Tampe e cozinhe de 15 a 20 minutos.

› Acrescente o feijão e misture. A seguir, coloque o arroz, as azeitonas e o açafrão.
› Tampe e deixe tomar gosto.
› Decore com salsinha picada e mais azeite antes de servir.

Pappardelle com tomate e ricota

(2 a 3 pessoas)

Ingredientes

250 g de macarrão tipo pappardelle
1 xícara (chá) de ricota fresca
2 xícaras (chá) de molho de tomate (ver receita na p. 137)
1 xícara (chá) de creme de leite de soja
½ xícara (chá) de leite de soja *light*
1 ramo de manjericão fresco
queijo parmesão ralado a gosto
sal e pimenta-do-reino moída na hora a gosto

Modo de preparo

› Passe a ricota na peneira. Tempere com sal e pimenta e adicione creme de leite e leite de soja. Misture bem e reserve em banho-maria.

› Prepare o molho de tomate.

› Cozinhe o macarrão em água abundante e sal. Escorra e adicione o molho de tomate quente, algumas folhas de manjericão e metade da ricota.

› Mexa bem e sirva com uma colher de ricota por cima e salpicado com queijo ralado.

Peito de peru com amêndoas

(4 pessoas)

Ingredientes

500 g de peito de peru congelado
2 dentes de alho
1 xícara (chá) de azeite de oliva extravirgem
2 colheres (sopa) de molho de soja tamari
½ xícara (chá) de farinha de trigo integral
½ xícara (chá) de amêndoas torradas em lascas
½ xícara (chá) de vinho branco seco
chutney de manga (ou outra fruta) para servir

Modo de preparo

› Descongele o peito de peru um dia antes.

› Prepare um marinado com alho, azeite, vinho e 1 colher do tamari e deixe o peito de peru ali por algumas horas.

› Corte o peito em bifes e, depois, ao meio. Passe-os na farinha de trigo e frite em uma frigideira grande antiaderente, com pouco azeite, em uma única camada. Doure dos dois lados, acrescente o restante do tamari e tampe a panela.

› Adicione algumas colheradas de água quente.

› Quando a água secar e estiverem macios, acrescente as amêndoas.

› Cozinhe mais um pouco, e estará pronto para ser servido em *chutney* de manga (ou outra fruta).

Penne com frango

(6 pessoas)

Ingredientes

200 g de macarrão tipo *penne rigate*

1 cebola cortada fina

2 dentes de alho amassados

1 ramo de manjericão

1 xícara (chá) de ervilha fresca cozida *al dente*

100 g de *pancetta* cortada fina (ou presunto cru)

2 xícaras (chá) de molho bechamel com leite de soja (ver receita na p. 130)

½ xícara (chá) de vinho branco seco

½ xícara (chá) de azeite de oliva extravirgem

500 g de peito de frango cortado em escalope

sal e pimenta-do-reino moída na hora a gosto

manteiga para untar

Modo de preparo

› Cozinhe o macarrão em água abundante e sal. Escorra, coloque 2 colheres de azeite e reserve.

› Numa frigideira antiaderente, coloque o azeite, o alho, a cebola e a *pancetta*. Mexa até dourar.

› Coloque o peito de frango para adquirir o gosto dos temperos. Acrescente algumas folhas de manjericão e o vinho.

› Deixe evaporar e adicione a ervilha.

› Abaixe o fogo e deixe o frango cozinhar com a panela tampada. Quando estiver macio, reserve na mesma frigideira.

› À parte coloque na frigideira o molho bechamel junto com o frango. Misture bem, verifique o sal e a pimenta e deixe esfriar.

› Preaqueça o forno a 180 °C. Passe manteiga no fundo e nas laterais de uma forma redonda funda.

› Coloque o macarrão no fundo e nas laterais da forma e, no meio, coloque o creme de frango.

› Leve ao forno em banho-maria com tampa e água até a metade da forma. Depois de 30 minutos, desenforme e decore com as folhas de manjericão. Sirva em seguida.

Dica

› Pode-se montar o prato na terrina funda que irá à mesa, não sendo necessário desenformar.

Peru com feijão-de-soja

(4 a 5 pessoas)

Ingredientes

600 g de peito de peru
100 g de *pancetta* em tiras
1 cebola grande bem picada
1 ramo de alecrim
1 xícara (chá) de água quente
1 xícara (chá) de azeite de oliva extravirgem
1 taça de vinho branco seco
2 xícaras (chá) de feijão-de-soja vermelho *(azuki)* cozido (ver receita na p. 131)
sal e pimenta-do-reino moída na hora a gosto
1 colher (sopa) de *shoyu*
salsinha picada para servir

Modo de preparo

› Temperar o peito de peru com sal, pimenta-do-reino, ½ cebola, alecrim, ½ taça de vinho branco e 2 colheres de azeite. Deixe marinar por 4 horas.

› Numa frigideira funda, coloque o azeite e a outra metade da cebola.

› Retire o peru do forno e enrole as tiras de *pancetta*. Segure com palitos e coloque-o na frigideira com azeite e cebola. Deixe dourar de todos os lados.

› Coloque a água quente e o vinho restante. Deixe evaporar.

› Abaixe o fogo e deixe o peito de peru cozinhar.

› Quando estiver seco por dentro, acrescente o feijão *azuki* e deixe cozinhar mais um pouco.

› Fatie o peito de peru e sirva com feijão, *shoyu* e salsinha picada.

Pescada com soja e abobrinha

(4 pessoas)

Ingredientes

4 filés de pescada
3 abobrinhas médias
2 batatas cozidas e amassadas
1 xícara (chá) de feijão-de-soja, partido, cozido e temperado
2 colheres (sopa) de azeite de oliva extravirgem
1 colher (sopa) de nozes cortadas
2 ramos de manjericão
2 dentes de alho amassados
sal e pimenta-do-reino moída na hora a gosto
óleo de soja para fritar
folhas de manjericão para decorar

Modo de preparo

› Tempere os filés de peixe com sal, pimenta e algumas folhas de manjericão e reserve.
› Coloque as abobrinhas partidas ao meio, pelo comprimento, no forno preaquecido por 10 minutos.
› Retire o miolo com uma colher e misture as batatas.
› Tempere com alho, azeite, nozes, sal e pimenta.
› Frite os peixes numa frigideira antiaderente com pouco óleo. Deixe dourar dos dois lados.

› Numa terrina, disponha o purê de batatas e as abobrinhas ao lado da soja e, por cima, os filés de peixe.

› Leve ao forno preaquecido por alguns minutos.

› Decore com folhas de manjericão e sirva bem quente.

Quibe de soja com *tofu*

(4 pessoas)

Ingredientes

½ xícara (chá) de carne de soja miúda (ver receita na p. 87)

½ xícara (chá) de feijão-de-soja vermelho *(azuki)* cozido (ver receita na p. 131)

1 xícara (chá) de trigo para quibe (triguilho)

1 xícara (chá) de *tofu* amassado com o garfo

1 xícara (chá) de folhas de hortelã picadas

1 xícara (chá) de cebolinha picada

3 dentes de alho

1 colher (chá) de canela em pó

1 colher (chá) de pimenta-do-reino moída na hora

1 colher (chá) de *shoyu*

2 colheres (sopa) de azeite de oliva extravirgem

folhas de hortelã para decorar

rodelas de cebola para decorar

suco de 1 limão

Modo de preparo

› Deixe o trigo de molho por uma noite.

› Cubra a proteína de soja com água fervente. Deixe de molho por 20 a 30 minutos.

› Escorra a água do trigo e da proteína, apertando-os com as mãos.

› Passe tudo por um processador de alimentos, exceto as folhas e a cebola para decorar.

› Coloque num pirex untado. Alise bem, faça cortes na horizontal e na vertical formando quadrados. Sobre cada quadrado, coloque uma rodela de cebola e folhas de hortelã.

› Coloque azeite por cima e leve ao forno, a 180 °C, por 40 minutos.

› Sirva o quibe bem quente, com limão a gosto.

Quiche de abobrinha

(6 pessoas)

Ingredientes

200 g de farinha de trigo peneirada
50 g de farinha de soja
150 g de manteiga gelada em cubos
1 pitada de sal
½ xícara (chá) de água fria
pimenta-do-reino moída na hora a gosto
folhas verdes para servir

Recheio

3 abobrinhas raladas grossas
2 fatias de *pancetta* picada (ou presunto cru)
4 colheres (sopa) de óleo de girassol
2 colheres (sopa) de azeite de oliva extravirgem
1 xícara (chá) de cebola picada
alho picado a gosto
½ taça de vinho branco

Cobertura

3 ovos batidos
1 xícara (chá) de leite de soja
1 xícara (chá) de creme de leite de soja

2 colheres (sopa) de queijo parmesão ralado
1 pitada de sal
pimenta-do-reino moída na hora a gosto

Modo de preparo

› Misture numa tigela as duas farinhas peneiradas e o sal.

› Acrescente a manteiga em cubos. Misture tudo com as pontas dos dedos.

› Vá juntando, aos poucos, a água fria, para ajudar a misturar a massa.

› Não trabalhe muito a massa. Forme uma bola e deixe descansar na geladeira, por 1 hora, numa tigela coberta.

› Para o recheio, misture a *pancetta* com o azeite, o óleo, a cebola e o alho. Frite tudo numa frigideira antiaderente e acrescente as abobrinhas. Por último, coloque o sal, a pimenta e o vinho branco. Deixe evaporar e reserve.

› Retire a massa da geladeira e abra-a com um pau de macarrão para forrar o fundo e as laterais de uma forma redonda.

› Coloque para assar fazendo furos com um garfo. Deixe no forno por, mais ou menos, 10 minutos. Retire a forma do forno e acrescente o recheio de abobrinhas.

› Para a cobertura, misture, numa tigela, os ovos com o leite de soja, o creme de leite, o queijo ralado e 1 pitada de sal e 1 pitada de pimenta. Coloque essa mistura sobre a massa e leve forno, a 180 °C, até endurecer a cobertura.

› Sirva em porções individuais com salada de folhas verdes.

Riccioli com lula e feijão-de-soja

(4 pessoas)

Ingredientes

400 g de macarrão tipo parafuso *(riccioli)*
400 g de lula em rodelas
1 xícara (chá) de molho de tomate (ver receita na p. 137)
1 xícara (chá) de feijão-de-soja cozido e temperado
½ xícara (chá) de azeite de oliva extravirgem
1 colher (sopa) de salsinha picada
1 dente de alho picado
½ xícara (chá) de vinho branco
1 ramo de *tymo* (orégano fresco)
sal e pimenta-do-reino moída na hora a gosto
1 colher (café) de *shoyu*
folhas de *tymo* para decorar

Modo de preparo

› Numa frigideira antiaderente, coloque 3 colheres de azeite e a lula em rodelas.
› Adicione sal e pimenta e cozinhe em fogo alto por 5 minutos.
› Acrescente o molho de tomate e o *tymo* e continue a cozinhar, agora em fogo baixo, por mais 15 minutos.
› Quando a lula estiver cozida, acrescente o alho e a salsinha.

› Esquente o feijão, adicione o *shoyu* e o azeite, misture bem e coloque na frigideira com a lula. Deixe por mais 10 minutos, até o tomate ficar cremoso.

› Cozinhe o macarrão em água abundante com sal. Escorra e coloque na frigideira com a lula. Misture bem.

› Decore cada prato com folhas de *tymo*.

› Sirva bem quente.

Robalo glaceado com missô e mel

(2 pessoas)

Ingredientes

2 postas de robalo
2 colheres (sopa) de missô
1 colher (sopa) de mel
2 colheres (sopa) de saquê
2 colheres (sopa) de azeite de oliva extravirgem
sal e pimenta-do-reino moída na hora a gosto
purê de batata ou farofa de soja para servir

Modo de preparo

› Misture o mel, o missô e o saquê e reserve.

› Tempere o peixe com sal e pimenta a gosto.

› Aqueça uma frigideira antiaderente, com pouco azeite. Grelhe o peixe de um lado, vire e passe a mistura de mel, missô e saquê. Espere alguns minutos, vire o peixe do outro lado e passe a mistura.

› Repita a operação até que o peixe esteja bem dourado e glaceado.

› Sirva com purê de batata ou com farofa de soja.

Talharim primavera de soja

(2 a 3 pessoas)

Ingredientes

200 g de macarrão tipo talharim de soja

4 colheres (sopa) de parmesão ralado para servir

Molho

½ cebola média picada

2 dentes de alho picados

½ xícara (chá) de azeite de oliva extravirgem

½ xícara (chá) de *tofu* em cubos

8 a 10 tomates-cereja cortados ao meio

1 colher (sopa) de *shoyu*

1 ramo de manjericão

sal e pimenta-do-reino moída na hora a gosto

Modo de preparo

› Tempere o *tofu* com *shoyu* e reserve.

› Numa frigideira antiaderente, coloque azeite, cebola e alho. Deixe dourar, acrescente os tomates e algumas folhas de manjericão.

› Mexa e acrescente sal, pimenta e *tofu*. Reserve.

› Cozinhe o macarrão em água abundante com sal. Escorra e coloque na frigideira junto com o molho. Misture bem.

› Sirva com algumas folhas de manjericão e o queijo ralado, regado com azeite.

Tartar saboroso

(4 pessoas)

Ingredientes

400 g de filé mignon em pedaços pequenos
2 gemas
4 colheres (sopa) de azeite de oliva extravirgem
sal e pimenta-do-reino moída na hora a gosto ou *shoyu*
3 anchovas em conserva de azeite
8 azeitonas verdes em tiras ou rodelas
folhas de rúcula para decorar

Molho

1 pote de iogurte de soja com o suco de 1 limão
1 tomate sem pele e sem semente, em cubos pequenos
1 ramo de manjericão
1 colher (sopa) de alcaparras sem sal
2 colheres (sopa) de azeite de oliva extravirgem

Modo de preparo

› Para o molho de iogurte, bata, à mão, o tomate, as alcaparras, o azeite e o manjericão e misture o iogurte.
› Amasse a anchova e reserve.
› Bata levemente as gemas com azeite, sal e pimenta.

› Tempere o filé mignon, misturando os outros ingredientes delicadamente.

› Coloque 4 aros de metal em 4 pratos. Encha-os com a carne temperada e deixe na geladeira até a hora de servir.

› Na hora de servir o tartar, coloque o molho por cima e decore com folhas de rúcula.

Tempeh com molho agridoce

(4 pessoas)

Ingredientes

250 g de *tempeh* congelado

4 *champignons* em fatias

1 colher (sopa) de *shoyu*

½ xícara (chá) de azeite de oliva extravirgem

1 cebola picada

folhas verdes para servir

Molho

4 colheres (sopa) de açúcar

2 dentes de alho em lascas

3 colheres (sopa) de vinagre

1 ramo de hortelã fresca

sal e pimenta-do-reino moída na hora a gosto

Modo de preparo

› Descongele o *tempeh*, coloque-o entre 2 folhas de papel-toalha e vá trocando o papel até secar por completo. Corte em tiras e reserve.

› Numa frigideira antiaderente, coloque o azeite e a cebola e deixe dourar.

› Acrescente os cogumelos, o *shoyu* e a pimenta-do-reino. Mexa bem para que os cogumelos incorporem os temperos e, por último, coloque o *tempeh*.

› Para o molho, coloque açúcar e alho numa frigideira de inox em fogo baixo. Quando adquirir cor de caramelo, adicione o vinagre e deixe derreter o açúcar por completo. Acrescente 1 pitada de sal e folhas de hortelã. Cubra com esse molho o *tempeh* já pronto.

› Sirva com salada de folhas verdes.

Torre de panquecas

(6 pessoas)

Ingredientes para as panquecas

1 ½ xícara (chá) de farinha integral
½ xícara (chá) de farinha branca
3 colheres (sopa) de farinha de soja
2 ovos
1 pitada de bicarbonato de sódio
1 pitada de sal
3 a 4 colheres (sopa) de azeite de oliva extravirgem para fritar as panquecas
1 xícara (chá) de molho de tomate (ver receita na p. 137)

Ingredientes para o creme de espinafre

1 maço de espinafre cortado e cozido no vapor
½ xícara (chá) de bechamel com leite de soja (ver receita na p. 130)
4 nozes picadas
2 colheres (sopa) de queijo parmesão ralado
1 pitada de noz-moscada

Ingredientes para o creme de abóbora

500 g de abóbora madura em cubos cozida no vapor
200 g de ricota peneirada
2 colheres (sopa) de queijo *roquefort* amassado

1 pitada de gengibre ralado
1 pitada de sal

Modo de preparo

› Prepare a massa das panquecas batendo os ingredientes no liquidificador. Deixe descansar por 1 hora.

› Frite as panquecas numa pequena frigideira antiaderente, com pouco azeite, virando dos dois lados para dourar.

› Faça o molho de tomate.

› Misture todos os ingredientes do creme de espinafre e, separadamente, os do creme de abóbora. Reserve.

› Num pirex, coloque uma camada de molho de tomate e uma camada de panqueca.

› Coloque um recheio diferente em cada uma das panquecas, cubra com o bechamel, alternando até terminarem as panquecas e os recheios. A última camada será de molho de tomate e queijo ralado.

› Leve ao forno para gratinar.

Torta Pasqualina

(6 pessoas)

Massa

3 xícaras (chá) de farinha de trigo

½ xícara (chá) de farinha de soja

½ xícara (chá) de manteiga

4 colheres (sopa) de azeite de oliva extravirgem

1 ovo

4 colheres (sopa) de queijo parmesão ralado

1 xícara (chá) de leite de soja

1 pitada de sal

Recheio

1 maço de espinafre (ou acelga italiana) cortado e cozido no vapor

1 cebola picada

1 dente de alho picado

2 colheres (sopa) de salsicha picada

1 colher (café) de orégano

1 xícara (chá) de *tofu*

¼ de xícara (chá) de azeite de oliva extravirgem

sal e pimenta-do-reino moída na hora a gosto

6 ovos

Modo de preparo

› Peneire as duas farinhas com o sal.

› No centro, coloque o azeite e a manteiga, o ovo e, aos poucos, o leite.

› Misture e amasse bem para obter uma massa leve e lisa. Deixe descansar, tampado, por 30 minutos.

› Prepare o recheio com a verdura. Escorra e pique numa frigideira antiaderente.

› Coloque 3 colheres de azeite, o alho e a cebola.

› Refogue o espinafre para fazer o recheio. Quando esfriar, acrescente o *tofu* bem amassado, o ovo, o queijo ralado, o sal, a pimenta-do-reino e o orégano, mexendo tudo muito bem, e reserve.

› Divida a massa em duas partes. Abra a maior para cobrir o fundo e as laterais de uma forma redonda untada com manteiga e farinha.

› Insira o recheio e faça, com cuidado, 6 buracos e acrescente 1 ovo cru em cada buraco.

› Cubra com a outra massa e aperte a volta toda para que o recheio não saia.

› Pincele azeite sobre a massa e fure com um garfo.

› Leve ao forno médio até a torta ficar dourada.

Trouxinhas de espinafre

(4 a 5 pessoas)

Ingredientes

8 panquecas (ver receita na p. 133)

Recheio

1 xícara (chá) de espinafre cozido no vapor
1 xícara (chá) de ricota passada na peneira
2 colheres (sopa) de alho-porró picado (parte branca)
1 dente de alho picado
4 colheres (sopa) de azeite de oliva extravirgem
1 pitada de pimenta-do-reino
1 pitada de sal ou 1 colher (sopa) de *shoyu*
½ xícara (chá) de queijo parmesão ralado
tiras de alho-porró (partes branca e verde) cozidas
1 xícara (chá) de molho branco (ver receita na p. 134)

Modo de preparo

› Numa frigideira antiaderente, com pouco azeite, refogue o alho-porró e o alho, depois coloque o espinafre.

› Adicione sal (ou *shoyu*), pimenta-do-reino e 1 colher (sopa) de molho branco.

› Acrescente a ricota.

› Misture bem e acrescente um pouco de queijo ralado. Reserve.

› Para montar as trouxinhas, coloque uma panqueca em um prato ou sobre a mesa de mármore e adicione o recheio. Feche as trouxinhas com as tiras de alho-porró.

› Coloque uma trouxinha ao lado da outra no pirex que irá à mesa, com o restante do molho branco. Salpique queijo ralado por cima e leve ao forno para gratinar.

Doces

Arroz-doce

(6 pessoas)

Ingredientes

2 xícaras (chá) de arroz integral cozido
1 litro de leite de soja
1 fava de baunilha ou 1 colher (café) de essência de baunilha
4 colheres (sopa) de mel
1 colher (chá) de canela em pó
casca ralada de 1 limão

Modo de preparo

› Ferva o leite com a fava de baunilha (ou a essência). Deixe tomar gosto, retire a fava e acrescente o arroz com a casca de limão.
› Misture com uma colher de pau, para não grudar, até o arroz ficar desfeito.
› Coloque o mel e ferva por mais alguns minutos.
› Sirva frio em taças individuais pulverizadas com canela.

Bolachinha com amêndoas

(4 pessoas)

Ingredientes

2 claras
50 g de açúcar
30 g de farinha de trigo
20 g de farinha de soja
50 g de manteiga em temperatura ambiente
½ xícara (chá) de amêndoas em lâminas
essência de amêndoas a gosto (opcional)

Modo de preparo

› Bata as claras sem chegar ao ponto de neve.

› Acrescente aos poucos o açúcar e, em seguida, a manteiga e as farinhas peneiradas, algumas gotas de essência de amêndoas e metade das amêndoas.

› Assim que a mistura estiver homogênea, cubra com papel-alumínio e deixe na geladeira por 30 minutos.

› Unte duas assadeiras retangulares e coloque a mistura, com a ajuda de uma colher de café, formando bolinhas, distantes umas das outras, para que elas se espalhem.

› Adicione, por cima, o restante das amêndoas.

› Leve ao forno, a 200 °C, de 10 a 12 minutos (o forno não precisa ser preaquecido).

› Retire do forno quando estiverem douradinhas.

Dica

› Guarde em vidros bem fechados para que se mantenham crocantes por mais tempo.

DOCES

Bolo de cacau

Ingredientes

1 xícara (chá) de farinha de trigo
1 xícara (chá) de farinha de trigo integral
½ xícara (chá) de água filtrada
2 xícaras (chá) de açúcar mascavo
2 colheres (sopa) de cacau em pó
3 ovos
1 colher (sopa) de fermento em pó
1 xícara (chá) de manteiga
2 ½ xícaras (chá) de creme de leite de soja
essência de baunilha a gosto
manteiga e farinha de trigo para untar e pulverizar a forma

Modo de preparo

› Bata as claras em neve e reserve.
› No processador, bata a manteiga com o açúcar, depois acrescente as gemas, a água e o cacau em pó.
› Adicione as farinhas peneiradas, com o fermento, o creme de leite e algumas gotas de essência de baunilha.
› Por último, acrescente as claras em neve, misturando com cuidado.
› Passe manteiga e farinha de trigo em uma forma de bolo.
› Coloque a massa e asse em forno médio por 30 a 40 minutos. Verifique com um palito se o bolo está seco por dentro antes de retirá-lo do forno.

Bolo de chocolate com calda de chocolate

(4 a 6 pessoas)

Ingredientes

1 pacote de mistura para bolo com soja sabor chocolate
manteiga e farinha de trigo para untar e pulverizar a forma

Calda de chocolate

100 g de chocolate meio amargo, ralado grosso
1 xícara (chá) de creme de leite de soja
½ colher (sopa) de manteiga sem sal

Modo de preparo

› Prepare o bolo conforme as instruções da embalagem. Unte a forma e coloque a massa do bolo.

› Asse e, ao desenformar, cubra com a calda de chocolate.

› Para preparar a calda, coloque em banho-maria o chocolate, o creme de leite e a manteiga. Mexa até a mistura ficar homogênea.

› Coloque a calda ainda quente por cima do bolo, fazendo buraquinhos com um palito para que ela penetre no bolo.

Bolo de laranja

(4 a 6 pessoas)

Ingredientes

1 pacote de mistura para bolo com soja sabor laranja
manteiga e farinha de trigo para untar e pulverizar a forma

Calda de laranja

suco de 2 laranjas maduras
2 a 3 colheres (sopa) de açúcar
½ colher (sopa) de raspas de laranja

Modo de preparo

› Prepare o bolo conforme as instruções da embalagem. Unte a forma e coloque a massa do bolo.

› Asse e, ao desenformar, cubra com a calda de laranja ainda quente.

› Para preparar a calda, ferva o suco das laranjas com o açúcar até que este se dissolva.

› Acrescente as raspas de laranja e deixe a calda engrossar.

› Despeje a calda ainda quente sobre o bolo assado.

› Com um palito, fure o bolo para a calda penetrar.

Bolo de queijo

(6 pessoas)

Ingredientes

500 g de ricota peneirada
4 ovos
1 lata de leite condensado de soja
a mesma medida de leite
1 colher (chá) de fermento em pó
2 pitadas de sal
1 colher (chá) de raspas de limão
açúcar peneirado ou geleia de framboesa para decorar

Modo de preparo

› No liquidificador, bata a ricota, as gemas, o leite condensado, o leite, o fermento, 1 pitada de sal e as raspas de limão. Reserve.

› Bata as claras, com 1 pitada de sal, em ponto de neve bem firme.

› Coloque a mistura do liquidificador em uma tigela e junte, aos poucos, as claras em neve, mexendo com uma colher.

› Unte uma forma redonda com aro removível e espalhe a massa.

› Asse em forno preaquecido, a 180 °C, de 25 a 30 minutos.

› Coloque um palito no centro da massa para verificar se o bolo está sequinho. Retire o bolo do forno e, quando esfriar, remova o aro.

› Disponha num prato de bolo e cubra com açúcar peneirado ou espalhe uma generosa camada de geleia de framboesa.

Bolo de *tofu*

(6 pessoas)

Ingredientes

300 g de *tofu*
4 ovos
1 lata de leite condensado de soja
1 lata de creme de leite
1 colher (sopa) de maisena
150 ml de leite de soja
suco de 2 limões
1 colher (chá) de raspas de 1 limão
manteiga para untar a forma

Calda de limão

suco de 2 limões
3 xícaras (chá) de água filtrada
2 colheres (sopa) de açúcar
1 colher (chá) de vinagre branco

Modo de preparo

› Amasse o *tofu*.

› Bata as claras em neve e reserve.

› No liquidificador, coloque o *tofu* esfarelado, as gemas, metade das raspas de limão, o leite de soja, a maisena, o leite condensado e o creme de leite. Bata até a mistura ficar homogênea.

› Misture devagar as claras em neve, com uma espátula, de baixo para cima.

› Coloque a massa numa forma untada com manteiga e salpicada de raspas de limão.

› Leve ao forno alto, a 180º C, por 30 a 40 minutos.

› Deixe esfriar antes de retirar da forma.

› Para preparar a calda, misture os ingredientes numa panela.

› Cozinhe até reduzir a um quarto.

› Antes de servir, coloque por cima do bolo.

› Sirva gelado.

Dica

› Você pode substituir a calda de limão pela geleia de sua preferência.

Bolo integral

(4 pessoas)

Ingredientes

1 pacote de mistura para bolo integral

½ xícara (chá) de óleo de soja

2 ovos

1 ½ xícara (chá) de leite de soja *light*

1 pitada de sal

manteiga e farinha de trigo para untar e pulverizar a forma

Modo de preparo

› Coloque numa vasilha a mistura para bolo.

› Adicione óleo, os ovos e o leite e vá misturando com uma colher de pau.

› Unte uma forma redonda e polvilhe com farinha.

› Aqueça o forno a 180 °C por 10 minutos. Despeje a massa e leve ao forno de 40 a 50 minutos.

› O bolo estará assado quando, espetando um palito, este sair bem sequinho.

› Retire do forno e deixe esfriar antes de desenformar.

Creme bicolor

(6 pessoas)

Ingredientes

1 litro de leite de soja *light*

1 xícara (chá) de chocolate meio amargo ralado

4 colheres (sopa) de maisena dissolvida em ½ xícara (chá) de leite frio

4 colheres (sopa) de açúcar

1 fava de baunilha ou 1 colher (café) de essência de baunilha

3 ovos

3 colheres (sopa) de queijo parmesão ralado

canela em pó para polvilhar

cookies de soja para servir

Modo de preparo

› Derreta o chocolate ralado em banho-maria. Reserve.

› Ferva o leite com a fava de baunilha (ou a essência) e o açúcar. Reserve.

› Bata bem os ovos e acrescente-os ao leite morno.

› Misture e volte a panela ao fogo.

› Acrescente a maisena e o queijo ralado, descartando a fava.

› Mexa com uma colher de pau até o leite engrossar e desgrudar do fundo da panela.

› Divida o creme em duas partes. Adicione o chocolate em

uma das partes e misture bem.

› Servir em taças individuais colocando, primeiro, o creme branco e, por cima, o creme com o chocolate.

› Servir bem gelado e polvilhado de canela, junto com *cookies* de soja.

Musse de chocolate

(4 pessoas)

Ingredientes

200 g de iogurte de soja
360 g de creme de leite fresco
170 g de chocolate meio amargo ralado
1 folha de gelatina incolor
chantilly e lascas de chocolate para servir

Modo de preparo

› Derreta o chocolate em banho-maria. Reserve.
› Bata o creme de leite quase em ponto de *chantilly*.
› Com cuidado, acrescente o iogurte ao creme de leite.
› Hidrate a folha de gelatina com água fria para acrescentá-la à mistura do creme de leite.
› Por último, adicione o chocolate.
› Leve à geladeira antes de servir.
› Sirva em taças de sorvete, com *chantilly* e lascas de chocolate por cima.

Ovos nevados

(4 pessoas)

Ingredientes

6 claras

6 colheres (sopa) de açúcar

raspas de 1 limão-siciliano

Creme

½ litro de leite de soja

2 colheres (sopa) de maisena

4 colheres (sopa) de açúcar

1 fava de baunilha ou 1 colher (café) de essência de baunilha

Modo de preparo

› Bata as claras em neve com o açúcar e as raspas de limão. Reserve na geladeira.

› Numa panela de inox, coloque o leite, a fava de baunilha (ou essência) e o açúcar. Deixe ferver e vá adicionando colheradas de claras para cozinharem no leite quente.

› Retire as claras cozidas com uma espumadeira e coloque numa compoteira. Reserve.

› Descarte a fava. Adicione na panela mais leite e açúcar a gosto.

- Desmanche a maisena em um pouco de leite frio e misture na panela. Volte ao fogo e mexa até o leite engrossar.
- Deixe o creme esfriar e coloque por cima das claras.
- Sirva em taças individuais.

Palha italiana

(6 pessoas)

Ingredientes

1 pacote de biscoito tipo maisena

1 lata de leite condensado de soja

3 colheres (sopa) de manteiga

2 colheres (sopa) de chocolate em pó

1 colher (sopa) de chocolate em pó

1 colher (sopa) de açúcar para decorar

Modo de preparo

› Faça um brigadeiro com o leite condensado, 2 colheres de manteiga e o chocolate em pó.

› Quando desgrudar da panela, retire do fogo.

› Quebre alguns biscoitos e reserve. Bata o restante no liquidificador para formar uma farinha bem fina. Misture a farinha no brigadeiro ainda morno; depois os biscoitos reservados. Misture bem.

› Passe o restante da manteiga sobre uma pedra de mármore e espalhe o brigadeiro.

› Com uma faca molhada, achate bem a mistura e, quando estiver morna, corte primeiramente em tiras e depois em quadradinhos.

› Pode também ser cortado com cortador decorado.

› Peneire a mistura de açúcar e chocolate em cima dos quadradinhos.

Panqueca doce com geleia de soja

Ingredientes

2 xícaras (chá) de soja em calda

suco de ½ limão-siciliano

4 panquecas prontas

sorvete de chocolate para servir

Modo de preparo

› Bata no processador a soja em calda com o suco de limão até obter uma geleia.

› Recheie as panquecas, dobre ao meio e depois, novamente, ao meio, formando leques.

› Sirva com mais geleia por cima e 1 bola de sorvete de chocolate ao lado.

Pavê com recheio de soja em calda

(6 pessoas)

Ingredientes

1 caixa de biscoitos tipo inglês
1 xícara (chá) de geleia de soja em calda
1 xícara (chá) de calda
¼ de taça de vinho do Porto ou Marsala
2 xícaras (chá) de água filtrada

Modo de preparo

› Misture a calda com o vinho e a água filtrada. Molhe os biscoitos nessa mistura.

› Num pirex, faça uma primeira camada de biscoitos e, por cima, espalhe geleia de soja. Faça a segunda camada com os biscoitos molhados e, por cima, mais geleia. Repita a operação até acabarem os ingredientes. A última camada deve ser de geleia.

› Deixe na geladeira para servir geladinho.

Dica

› O pavê fica mais saboroso quando preparado na véspera.

Pudim delícia 1

Ingredientes

1 lata de leite condensado
a mesma medida de leite de soja
3 ovos
1 colher (café) de essência de baunilha
3 colheres (sopa) de açúcar para caramelar
raspas de 1 laranja

Modo de preparo

› Coloque o açúcar numa forma própria para pudim. Leve ao fogo baixo, vire a forma de todos os lados para caramelar o fundo e as laterais. Reserve.

› Bata no liquidificador o leite com todos os outros ingredientes. Coloque o conteúdo na forma.

› Leve ao forno em banho-maria.

› Desenforme quando esfriar.

Pudim delícia 2

(6 pessoas)

Ingredientes

2 xícaras (chá) bem cheias de miolo de pão amanhecido em cubos
1 litro de leite de soja *light*
1 fava de baunilha ou 1 colher (café) de essência de baunilha
2 xícaras (chá) de açúcar
4 gemas
4 claras
6 bananas-nanicas em rodelas
1 colher (sopa) de manteiga
algumas colheres (sopa) de água filtrada
8 colheres (sopa) de açúcar
sorvete de creme para servir

Modo de preparo

› Coloque numa tigela o miolo de pão.

› Ferva o leite com a fava de baunilha (ou acrescente a essência ao leite). Quando estiver morno, decarte a fava e despeje o leite sobre o pão. Deixe amolecer e desmanche-o com um garfo.

› Acrescente 1 xícara de açúcar e as gemas.

› Misture bem e despeje numa forma refratária para pudim.

› Asse em forno médio por cerca de 30 minutos. Reserve.

› Coloque numa panela as bananas, a outra xícara de açúcar, a manteiga e a água.

› Quando o açúcar dourar, retire do fogo, deixe esfriar e coloque por cima do pudim assado.

› Bata as claras em neve, junte as colheres de açúcar, bata mais um pouco e espalhe por cima das bananas.

› Leve ao forno até o suspiro dourar.

› Sirva com sorvete de creme.

Soja com calda de baunilha

Ingredientes

2 xícaras (chá) de soja partida, cozida e escorrida
1 fava de baunilha ou 1 colher (café) de essência de baunilha
2 xícaras (chá) de açúcar
5 xícaras (chá) de água filtrada
sorvete ou calda de chocolate para servir

Modo de preparo

› Numa panela de inox, faça uma calda com água, açúcar e a fava (ou a essência) de baunilha.

› Acrescente a soja e deixe ferver por 15 minutos.

› Retire a panela do fogo, tampe e reserve até o dia seguinte.

› No outro dia, retire a tampa e deixe ferver por mais 15 minutos.

› Repita esta operação durante três dias.

› No quarto dia, estará pronta para ser servida com sorvete ou calda de chocolate.

Receitas de *chefs* renomados

Big ravioli de soja

Claude Troisgros | *Restaurante Olympe, Rio de Janeiro, RJ*
(4 pessoas)

Ingredientes

500 g de farinha de trigo
3 ovos
5 gemas
5 g de sal
50 ml de azeite de oliva extravirgem
12 ml a 15 ml de água

Recheio de soja

250 g de soja em grãos
400 g de purê de soja pronta peneirada
350 ml de creme de leite
40 g de manteiga
sal e pimenta-do-reino moída na hora a gosto

Molho

150 g de manteiga

Modo de preparo

› Misture a farinha, os ovos, as gemas, o sal, o azeite e a água. Deixe descansar por 2 horas.

› Use bastante farinha e passe a massa na máquina de nº 1, dobrando a massa cada vez que passar, até o nº 8. Corte.

› Cozinhe *al dente* na água com sal. Escorra e coloque na água gelada.

› Deixe a soja se reidratar na água durante 12 horas.

› Cozinhe a soja na água salgada até ficar bem cozida (por cerca de 2 horas). Reserve alguns grãos e bata o restante no mixer, junto com 250 ml de creme de leite quente.

› Passe na peneira.

› Adicione ao purê 100 g de creme de leite quente e a manteiga. Tempere.

› Para preparar o molho, coloque a manteiga no fogo até espumar e ficar com cor e cheiro de avelã.

› Disponha o *ravioli al dente* no fundo do prato e cubra com uma colher generosa de purê de soja. Cubra com outro *ravioli*. Regue com o molho de manteiga. Finalize regando com o *shoyu* e salpique com os grãos de soja reservados.

Creme de soja fresca

Sergio Arno | *Restaurante La Vecchia Cucina, São Paulo, SP*
(4 pessoas)

Ingredientes

500 g de soja fresca
2 colheres (sopa) de azeite de oliva extravirgem
1 dente de alho amassado
1 cebola pequena picada
2 folhas de louro
sal e pimenta-do-reino moída na hora a gosto
200 ml de creme de leite fresco
1 litro de caldo de frango
bacon picado para servir

Modo de preparo

› Refogue a soja com o azeite, o alho, a cebola, o *bacon*, as folhas de louro, o sal e a pimenta-do-reino.

› Quando a soja estiver cozida, coloque o creme de leite e o caldo de frango.

› Ferva, enquanto mexe, por cerca de 10 minutos. Depois bata no liquidificador, passe pela peneira e coloque numa tigela.

› Coloque a tigela dentro de outra tigela maior, com gelo, para esfriar o creme.
› Sirva com um fio de azeite, pedacinhos de *bacon* fritos e pimenta-do-reino.

Pasta com *edamame*

Carla Pernambuco | *Restaurante Carlota, São Paulo, SP*
(4 pessoas)

Ingredientes

300 g de *garganelli, strozapretti* ou *troffi*
(formatos menos comuns e típicos italianos)
grãos de soja
4 colheres (sopa) de azeite de oliva extravirgem
2 colheres (sopa) de manteiga
50 g de bardana em tiras
2 dentes de alho amassados
1 colher (chá) de gengibre ralado
1 colher (café) de pimenta vermelha em tiras
4 tomates sem pele e sem sementes em cubos
150 g de *edamame* cozida sem casca
100 g de cogumelos variados (*shitake, shimeji, enoki, pleurotus*)

Modo de preparo

› Cozinhe em água fervente a pasta *al dente*. Enquanto isso, misture azeite e manteiga e doure os cogumelos, o alho e o gengibre. Reserve.

› Acrescente os tomates e os grãos de soja.

› Escorra a pasta e misture ao molho.

› Finalize com a pimenta.

Quibe vegetariano

Helena Rizzo | *Restaurante Mani, São Paulo, SP*
(4 pessoas)

Ingredientes

800 g de trigo para quibe (triguilho) hidratado por uma noite
400 g de proteína de soja hidratada
1 maço de hortelã picada
1/3 de maço de salsinha picada
8 dentes de alho picados
4 alhos-porró picados
1 xícara (chá) de azeite de oliva extravirgem
canela em pó a gosto
4 folhas de louro
1 (sopa) colher de semente de cominho
100 g de gergelim
600 g de coalhada seca
200 ml de creme de leite
sal e pimenta-do-reino moída na hora a gosto
azeite de oliva extravirgem para pincelar
salada mista e purê de batata com gengibre (ou *wassabi*) para servir

Modo de preparo

› Misture a proteína de soja, a hortelã, a salsinha, o alho e o alho-porró e adicione sal, azeite e pimenta-do-reino a gosto. Reserve.

- Bata a canela, as folhas de louro e as sementes de cominho no liquidificador e misture com os ingredientes que estavam reservados.
- Bata a mistura no mixer e acrescente o gergelim.
- Dilua o creme de leite na coalhada com o *fouet* (recheio).
- Monte na seguinte ordem: 1 camada de quibe, 1 camada de recheio e 1 camada de quibe.
- Pincele o azeite na superfície e asse a 170 °C por 30 minutos.
- Sirva com salada mista e purê de batata com gengibre, ou *wassabi*.

Salada de folhas com *tofu* e frango oriental

Emmanuel Bassoleil | *Ristorante Skye, Hotel Unique, São Paulo, SP*
(4 pessoas)

Ingredientes

1 maço de chicória
1 maço de rúcula
1 pé de alface lisa
2 pés de alface-crespa
1 pé de alface-crespa roxa
20 folhas de menta
200 g de broto de soja
400 g de *tofu* em cubos de 2 cm x 2 cm
80 g de gergelim branco torrado
100 g de soja em grão torrado e salgado (tipo aperitivo)
2 peitos de frango sem pele
250 ml de azeite de oliva extravirgem
150 ml de óleo de gergelim torrado
20 g de coentro em grão
5 g de flor de tomilho
80 ml de *shoyu*
sal e pimenta-do-reino moída na hora a gosto

Modo de preparo

› Cozinhe o frango, temperado com sal e pimenta, no vapor (ou no próprio caldo de frango) até que fique macio e suculento (cerca de 12 a 15 minutos). Leve para resfriar e reserve.

› Misture bem os ingredientes para temperar: azeite, óleo de gergelim, coentro, flor de tomilho, *shoyu*, sal e pimenta-do-reino.

› Corte o frango em lâminas finas (tipo *sashimi*) e coloque numa vasilha. Cubra com a mistura de temperos e deixe marinar até o dia seguinte.

› Empane os cubos de *tofu* com o gergelim torrado.

› Para montar a salada, misture numa tigela todas as folhas e tempere com a o tempero da marinada. Num prato, coloque as folhas temperadas. Sobre as folhas, coloque os brotos de soja e a menta. Em volta da salada, coloque as fatias de frango e o *tofu*.

› Finalize temperando o frango com o tempero da marinada e polvilhando com os grãos de soja.

Dica

› Para decorar, pode-se usar mandioquinha e cebolinha. Pode-se servir com cubos de manga.

Salada de grãos com abobrinha e damasco

Charlô Whately | *Buffet Charlô, São Paulo, SP*
(4 a 6 pessoas)

Ingredientes

20 folhas de hortelã
400 ml de azeite de oliva extravirgem
300 g de damasco turco em tiras
100 g de abobrinha em *brunoise* e refogada
(com sal, pimenta-branca moída, canela em pó e cominho moído)
200 g de amêndoas torradas em lâminas
700 g de arroz integral cozido *al dente*
(com sal, pimenta, canela em pó, cominho moído, cebola picada)
600 g de arroz selvagem cozido *al dente*
(com sal, pimenta, canela em pó, cominho moído, cebola picada)
400 g de cebola *brunoise* refogada *al dente*
(com sal, pimenta-branca moída, canela em pó, cominho moído)
500 g de cevada em grãos cozido *al dente*
(com sal, pimenta, canela em pó, cominho moído, cebola picada)
500 g de trigo em grãos cozido *al dente*
(com sal, pimenta, canela em pó, cominho moído, cebola picada)
700 g de soja em grãos cozida *al dente*
(com sal, pimenta, canela em pó, cominho moído, cebola picada)

Modo de preparo

- Misture todos os grãos com a cebola e a abobrinha.
- Adicione o damasco à salada.
- Acrescente as amêndoas. Junte a hortelã rasgada grosseiramente com as mãos. Regue com azeite de oliva e mexa bem. Se necessário, acrescente mais sal.
- Caso prefira, pode servi-la utilizando o aro de uma forma com fundo falso.

Salada de polvo com batatas e azeite de manjericão

Juscelino Pereira | *Restaurante Piselli, São Paulo, SP*
(4 pessoas)

Ingredientes

1 polvo de 2 kg
1 colher (sopa) de azeite de manjericão
½ colher (sopa) de suco de limão-siciliano
500 g de polvo picado
200 g de batata
200 g de broto de soja
sal e pimenta-do-reino moída na hora a gosto

Modo de preparo

- Refogue o polvo por 20 minutos. Reserve.
- Cozinhe as batatas e corte-as em cubos. Reserve.
- Numa frigideira, puxe o polvo picado no azeite para dourá-lo um pouco. Em seguida, acrescente o suco de limão, o sal, a pimenta e a batata.
- Para finalizar, junte o polvo inteiro e o picado e coloque o broto de soja para refogar por 30 segundos. Sirva.

Glossário

Bebida de soja Substituto do leite, rico em proteína sem colesterol, com baixo teor de gordura e cálcio. Normalmente, é enriquecido com cálcio, sendo usado também para fazer *tofu*.

Brotos de soja Levam de 3 a 5 dias para nascer. Para que fiquem mais digeríveis, é necessário escaldar antes de consumir.

Farinha de soja Rica em proteínas e com baixo teor de hidratos de carbono, é misturada com outras farinhas para fazer pratos que vão ao forno.

Missô Produto fermentado de soja. Pasta espessa – salgada e saborosa – usada em sopas, molhos e como condimento. Na cozinha tradicional japonesa, se começa o dia com uma tigela fumegante de missô. É aconselhável acrescentá-lo no fim do preparo.

Molho de soja Produto resultante da fermentação do missô. É feito de soja fermentada com grão assado.

Natto Alimento picante e fermentado dos grãos de soja. É servido com mostarda, sendo comercializado fresco ou congelado.

Óleo de soja Usado para fazer margarina e, quando refinado, utilizado como óleo de cozinha.

Shoyu Soja madura e fermentada, mais suave que o molho de soja.

Tempeh Originário da Indonésia, mais consistente que o *tofu*, feito de soja fermentada, marinada e cozida no vapor. Tem sabor suave, que lembra nozes e cogumelos. É comercializado marinado e congelado. Antes do seu consumo, deve ser cozido no vapor por 20 minutos.

Tamari Alimento fermentado de origem chinesa usado como tempero. De cor escura e salgado, trata-se de um molho de soja fermentada sem milho, de sabor mais forte que o *shoyu*.

Tofu Alimento versátil à base de soja, conhecido como queijo de soja. É comercializado fresco, congelado ou defumado.

Referências bibliográficas

ALBALA, Ken. *Beans: a History*. Oxford: Berg, 2007.

DILLMAN, Erika. *La soja, un tesoro nutritivo*. Trad. Miguel Portillo. Barcelona: Oniro, 2003.

FREIRE, Sílvia. "Embrapa quer usar soja para evitar desmatamento". Em *Folha de S.Paulo*, São Paulo, 3-2-2008, p. A18.

GODOY, Denyse. "Cultura de transgênicos sobe 30% no país". Em *Folha de S.Paulo,* 14-2-2008, p. B3.

GRAZIANO, Xico. "Biodiesel". Em *O Estado de S. Paulo*, São Paulo, 1-1-2008, p. A2.

LONDON, Mark & KELLY, Brian. *A última floresta: a Amazônia na era da globalização.* Trad. Débora Landsberg. São Paulo: Martins, 2007.

MANTOVANI, Flávia & PEREIRA, Thiago Momm. "Consuma com moderação". Em *Folha de S. Paulo*, 3-9-2006, Equilíbrio, pp. 6-8.

MONTEIRO FILHO, Maurício. "Soja, um avanço real e insustentável". Em *Problemas Brasileiros,* mar./abr. de 2007, pp. 2-7.

PALOMEQUE, Nausicaa. "*El mundo quiere soja*". Em *El Pais*, Montevidéu, *Qué Pasa,* pp. 4-7.

TRUCOM, Conceição. *Soja: nutrição e saúde*. São Paulo: Alaúde, 2005.

VEIGA FILHO, Lauro. "2008: um novo rumo para o produtor". Em *Globo Rural*, jan. de 2008, p. 57.

VEIGA, José Eli da (org.). *Transgênicos: sementes da discórdia*. São Paulo: Editora Senac São Paulo, 2007.

Sites

APROSOJA (Associação dos Produtores de Soja do Mato Grosso)
http://www.aprosoja.com.br

EMBRAPA SOJA
http://www.cnpso.embrapa.br

USDA
http://www.usdabrazil.org.br

WIKIPÉDIA
http://pt.wikipedia.org/wiki/Soja

Índice de receitas

Preparos

Entradas, sopas e saladas